쓱싹 시리즈 ⑨

쓱 하고
싹 배우는

엑셀
2016

저자 안은진

YoungJin.com Y.
영진닷컴

쓱 하고 싹 배우는
엑셀 2016

B-1001, Gab-eul Great Valley, 32, Digital-ro 9-gil, Geumcheon-gu, Seoul, Republic of Korea

All rights reserved. First published by Youngjin.com. in 2020. Printed in Korea

ISBN 978-89-314-6338-5

독자님의 의견을 받습니다

이 책을 구입한 독자님은 영진닷컴의 가장 중요한 비평가이자 조언가입니다. 저희 책의 장점과 문제점이 무엇인지, 어떤 책이 출판되기를 바라는지, 책을 더욱 알차게 꾸밀 수 있는 아이디어가 있으면 이메일, 또는 우편으로 연락주시기 바랍니다. 의견을 주실 때에는 책 제목 및 독자님의 성함과 연락처(전화번호나 이메일)를 꼭 남겨 주시기 바랍니다. 독자님의 의견에 대해 바로 답변을 드리고, 또 독자님의 의견을 다음 책에 충분히 반영하도록 늘 노력하겠습니다.

이메일 : support@youngjin.com

주 소 : 서울특별시 금천구 디지털로9길 32 갑을그레이트밸리 B동 1001호

등 록 : 2007. 4. 27. 제16-4189호

STAFF

저자 안은진 | **기획** 기획 1팀 | **총괄** 김태경 | **진행** 김연희 | **디자인·편집** 김소연
영업 박준용, 임용수 | **마케팅** 이승희, 김근주, 조민영, 김예진, 이은정 | **제작** 황장협 | **인쇄** 제이엠

이 책은요!

다양한 종류의 데이터를 보기 좋게 정리할 수 있는 엑셀 2016 프로그램을 배워 보아요!

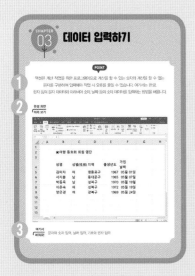

① POINT

챕터에서 배우게 될 내용을 간략하게 소개해요.

② 완성 화면 미리 보기

챕터에서 배우게 되는 예제의 완성된 모습을 미리 만나요.

③ 여기서 배워요!

어떤 내용을 배울지 간략하게 살펴봐요. 배울 내용을 미리 알아 두면 훨씬 쉽고 재미있게 배울 수 있어요.

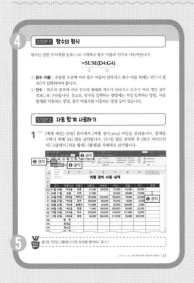

④ STEP

예제를 하나하나 따라 하면서 본격적으로 기능들을 익혀 봐요.

⑤ 조금 더 배우기

본문에서 설명하지 않은 내용 중 중요하거나 알아 두면 좋을 내용들을 알 수 있어요.

⑥ 혼자서도 만들 수 있어요!

챕터에서 배운 내용을 연습하면서 한 번 더 기능을 숙지해 봐요.

⑦ HINT

문제를 풀 때 참고할 내용을 담았어요.

이 책의 목차

CHAPTER 01

엑셀 2016 시작하기

POINT

엑셀 2016은 마이크로소프트 오피스 프로그램 중의 하나로 수치 계산, 데이터 분석, 통계, 도표와 같은 작업을 효율적으로 할 수 있게 하는 스프레드시트의 대표적인 프로그램입니다. 여기서는 엑셀 2016의 시작과 종료 및 화면 구성에 대해 알아봅니다.

완성 화면
미리 보기

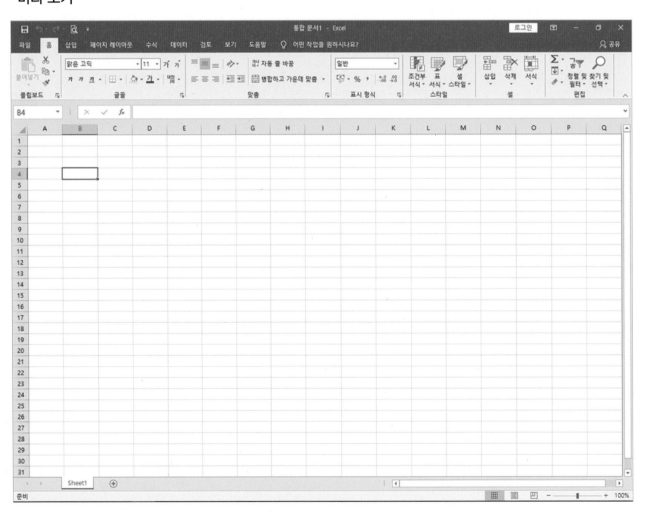

여기서
배워요!
엑셀 2016 시작 및 종료, 엑셀 2016 화면 구성

엑셀 2016 시작하고 종료하기

1 …… 작업 표시줄에서 [시작](⊞)을 클릭한 후 앱 목록에서 [Excel]을 클릭합니다.

❷ 클릭

❶ 클릭

바탕 화면에서 [엑셀 2016] 바로가기 아이콘( )이 있는 경우 더블 클릭해 실행할 수 있습니다.

2 …… 엑셀 프로그램이 실행되면 [새 통합 문서]를 클릭합니다.

통합 문서는 엑셀에서 작업하는 하나의 파일을 의미합니다.

3 ····· 새 통합 문서가 열립니다. 데이터를 작업하는 공간을 워크시트라고 하며 데이터를 입력하거나 편집하는 가장 기본적인 요소인 셀들로 구성되어 있습니다.

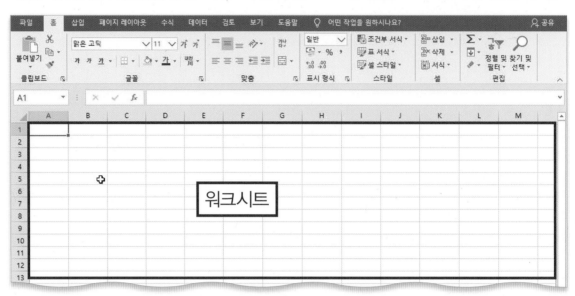

4 ····· 문서 작업 시 워크시트를 확대하여 작업하기 위해 오른쪽 하단의 상태 표시줄에 있는 [확대](＋) 버튼을 여러 번 클릭합니다. 클릭할 때마다 화면이 10%씩 확대되어 나타납니다.

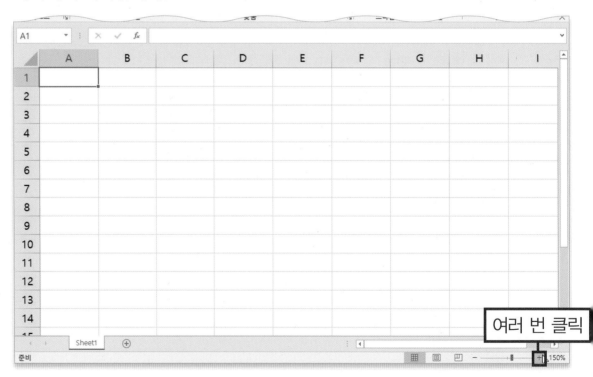

 조금 더 배우기 확대된 워크시트는 [축소](━) 버튼을 클릭하거나 [확대/축소](▮) 슬라이더를 드래그하여 조절할 수 있습니다.

5 ····· 현재 통합 문서를 닫기 위해 [파일] 탭을 클릭한 후 [닫기]를 클릭합니다.

❶ 클릭

❷ 클릭

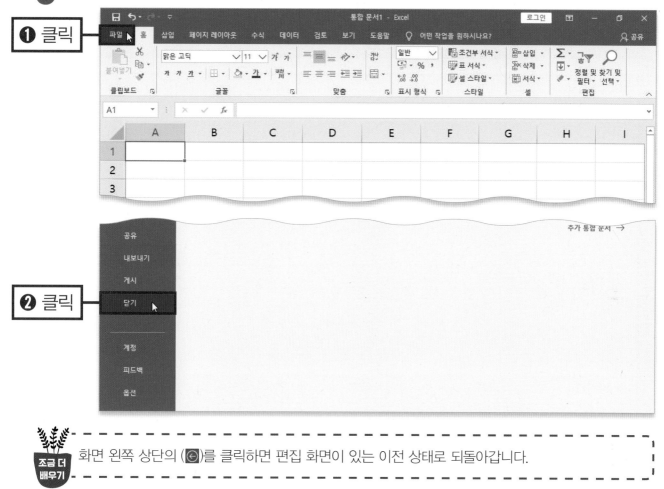

조금 더 배우기 ─┤ 화면 왼쪽 상단의 (←)를 클릭하면 편집 화면이 있는 이전 상태로 되돌아갑니다.

6 ····· 제목 표시줄을 보면 통합 문서는 닫혔으나, 엑셀 프로그램은 아직 실행 중인 것을 확인할 수 있습니다. 엑셀 프로그램을 완전히 종료하려면 오른쪽 상단의 [닫기](✕) 버튼을 클릭합니다.

클릭

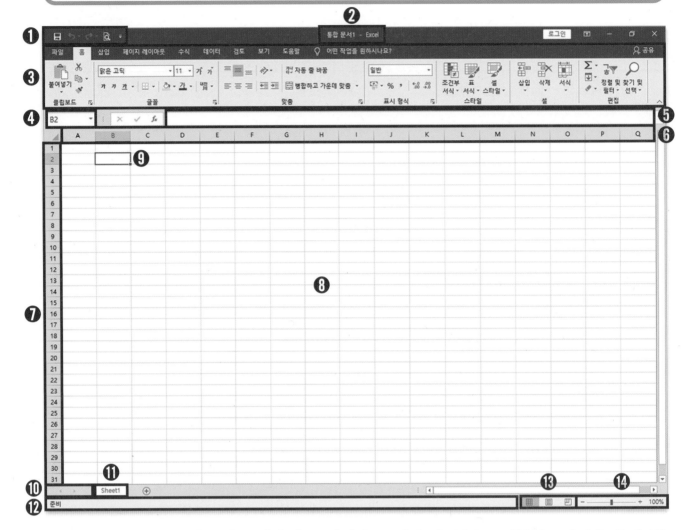

① **빠른 실행 도구 모음** : 자주 사용하는 명령을 모아 놓은 곳으로 원하는 명령을 추가/삭제할 수 있습니다.

② **제목 표시줄** : 현재 작업 중인 문서의 파일명과 프로그램 이름이 표시됩니다. 기본 설정 값은 '통합 문서1'로 되어 있습니다.

③ **리본 메뉴** : 작업에 필요한 명령들을 아이콘 형식의 연관된 그룹으로 묶어 탭으로 모아 표시합니다.

④ **이름 상자** : 선택한 셀의 주소를 표시하며, 선택 범위를 이름으로 지정할 수 있습니다.

⑤ **수식 입력줄** : 선택한 셀에 입력된 데이터 또는 수식을 표시하고 데이터를 입력하거나 수정할 수 있습니다.

⑥ **열 머리글** : 워크시트의 열 주소를 표시하는 영역으로 A~XFD까지의 영문자로 구성되어 있습니다.

⑦ **행 머리글** : 워크시트의 행 주소를 표시하는 영역으로 1~1,048,576까지의 숫자로 구성되어 있습니다.

⑧ **워크시트** : 실제 작업이 이뤄지는 영역으로 작은 직사각형의 셀들로 이루어져 있습니다.

⑨ **셀 포인터** : 현재 작업이 진행되고 있는 작업 셀의 위치를 표시하기 위하여 굵은 테두리로 표시됩니다.

⑩ **시트 탭 이동 버튼** : 원하는 시트로 이동할 때 사용합니다.

⑪ **시트 탭** : 시트 이름이 표시되는 곳으로 워크시트를 선택하거나 삽입/삭제/이동/복사 등을 위해 사용합니다.

⑫ **상태 표시줄** : 현재 파일의 작업 상태를 표시하는 영역으로 셀 범위를 지정하면 지정한 영역의 평균, 개수, 합계 등이 나타납니다.

⑬ **보기 바로 가기** : 기본, 페이지 레이아웃, 페이지 나누기 미리 보기의 워크시트를 보는 세 가지 방법을 선택하는 단추입니다.

⑭ **확대/축소 슬라이더** : 슬라이더 바를 드래그하거나 양 끝의 아이콘을 클릭해서 보기 배율을 변경할 수 있습니다.

엑셀에서 사용되는 마우스 포인터의 모양

모양	사용
✛	셀을 클릭하거나 드래그하여 영역을 선택할 때 사용합니다.
✚	셀 포인터의 오른쪽 아래 모서리에 마우스를 가져다 대면 변하고 연속적이거나 일정한 규칙이 있는 데이터를 드래그하여 채우기 할 때 사용합니다.
⊹	셀 포인터의 초록 테두리에 마우스를 가져다 대면 변하고 드래그하여 셀의 내용을 이동할 때 사용합니다.
⬇ 또는 ➡	열 머리글이나 행 머리글을 선택할 때 사용합니다.
↔ 또는 ↕	열과 행 머리글의 경계선에서 열의 너비나 행의 높이를 조절할 때 사용합니다.

CHAPTER 02

문서 저장하고 열기

작성 중인 문서를 파일로 저장해 놓으면 나중에 불러와서

내용을 확인하거나 편집할 수 있습니다.

여기서는 작성한 통합 문서를 저장하고 불러오는 방법에 대해 알아봅니다.

완성 화면
미리 보기

	A	B	C	D	E	F	G
1							
2		추천 여행지					
3		경주	제주도				
4		여수	강릉				
5		통영	부여				
6							
7							
8							
9							
10							
11							
12							

여기서
배워요! 파일 저장, 파일 열기

1 엑셀을 실행하면 셀 포인터는 기본적으로 [A1] 셀에 위치하고 이름 상자에 현재 셀 포인터의 주소가 표시됩니다.

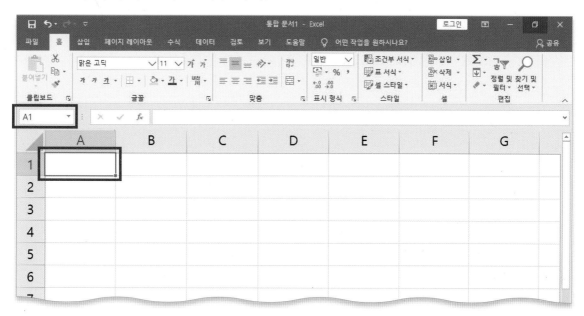

셀을 서로 구분하기 위해 셀에 부여한 주소를 '셀 주소'라고 합니다. 열 번호를 나타내는 영문자와 행 번호를 나타내는 숫자를 조합하여 'B2', 'C2'와 같이 표시합니다.

2 데이터를 입력하려면 셀 포인터를 원하는 위치로 이동합니다. [B2] 셀을 클릭하여 선택한 후 '추천 여행지'를 입력합니다.

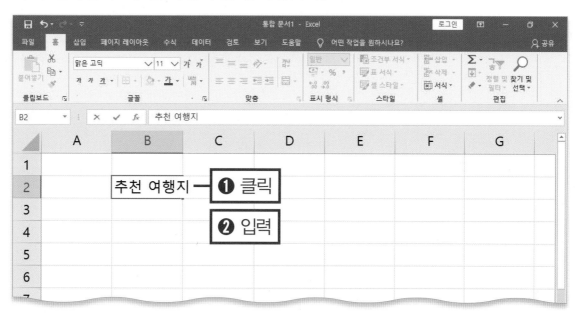

잘못 입력했을 경우 Back Space 를 눌러 지우고 다시 입력합니다.

3 키보드의 `Enter↵`를 누르면 셀 포인터가 아래로 이동합니다. [B3] 셀에 '경주' 라고 입력합니다.

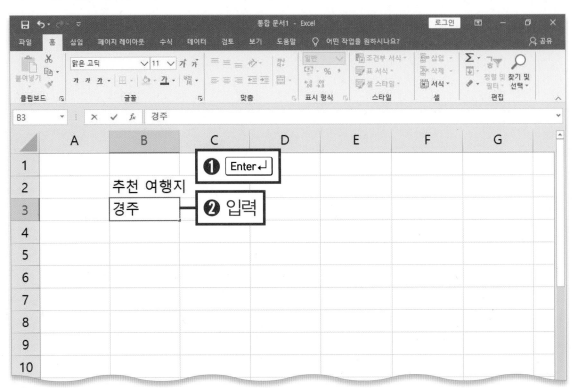

4 키보드의 `Tab ↹`을 누르면 셀 포인터가 오른쪽으로 이동합니다. [C3] 셀에 '제 주도'를 입력합니다.

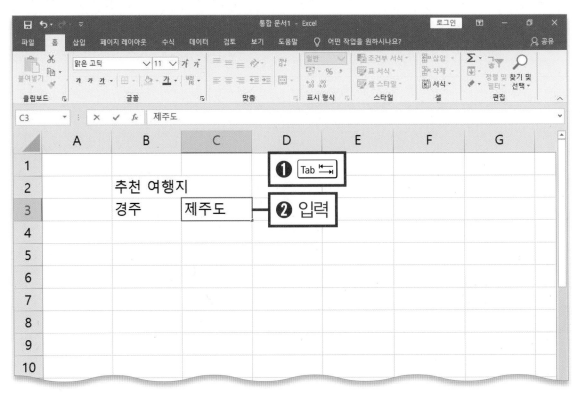

5 다음과 같이 나머지 데이터를 입력합니다.

	A	B	C	D
1				
2		추천 여행지		
3		경주	제주도	
4		여수	강릉	
5		통영	부여	
6				

 마우스로 클릭하거나 방향키 ←→↑↓를 이용하여 셀 포인터를 변경할 수 있습니다.

STEP 2 파일 저장하기

1 [파일] 탭-[다른 이름으로 저장]을 차례대로 클릭한 후 [찾아보기]를 클릭합니다.

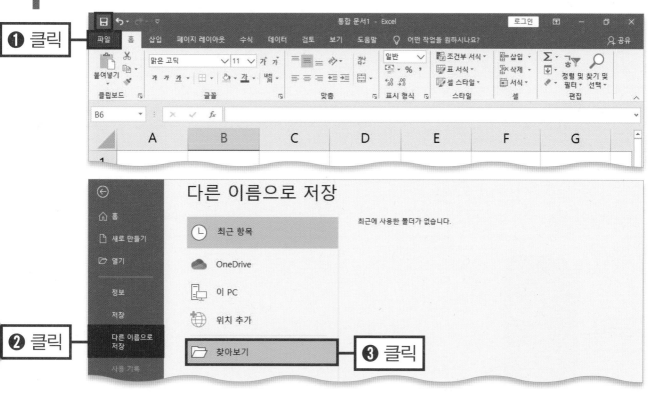

 [빠른 실행 도구 모음]에서 [저장](🖫)을 클릭해도 됩니다.

2 '다른 이름으로 저장' 대화 상자가 나타나면 [문서]를 클릭하여 저장 위치를 지
정합니다. '파일 이름' 입력란에 '추천 여행지'를 입력한 후 [저장] 버튼을 클릭
합니다.

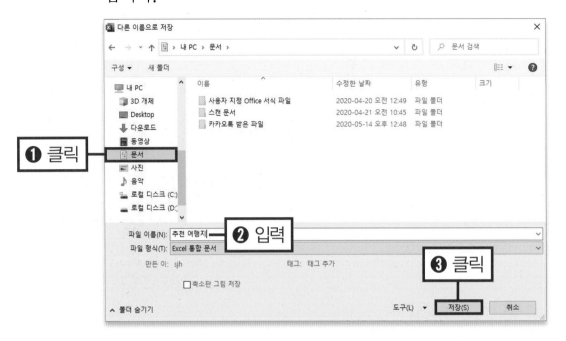

3 문서가 저장되면 제목 표시줄에 파일 이름이 표시됩니다. [파일] 탭-[닫기]
를 차례대로 클릭하여 저장한 통합 문서를 닫습니다.

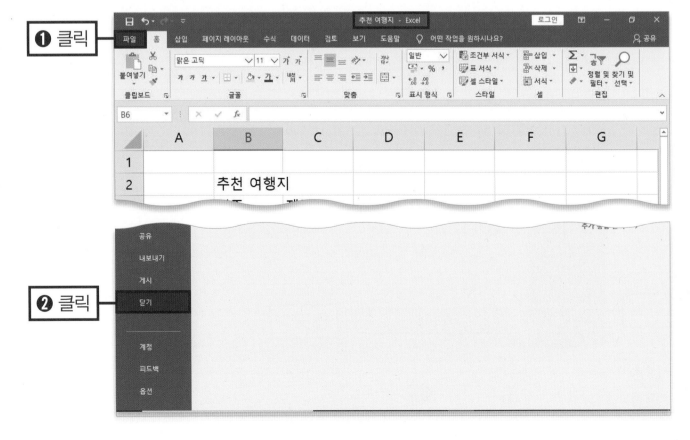

STEP 3 파일 열기

1 저장되어 있는 문서를 불러오기 위해 [파일] 탭을 클릭한 후 [열기]–[찾아보기]를 차례대로 클릭합니다.

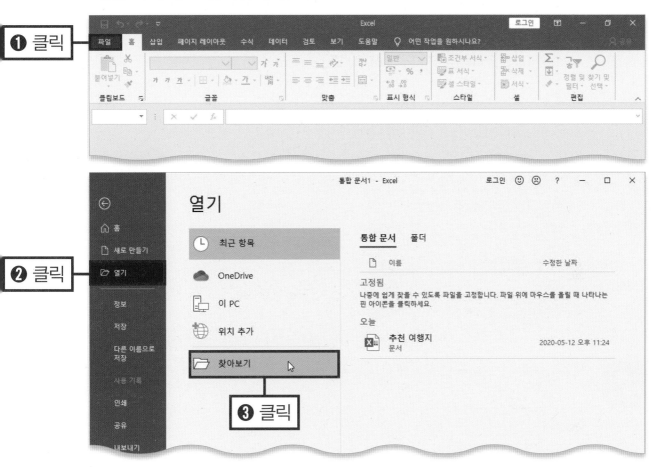

2 '열기' 대화 상자가 나타나면 파일이 저장된 위치인 [문서]를 클릭한 후 앞서 저장한 [추천 여행지] 파일을 선택하고 [열기] 버튼을 클릭합니다.

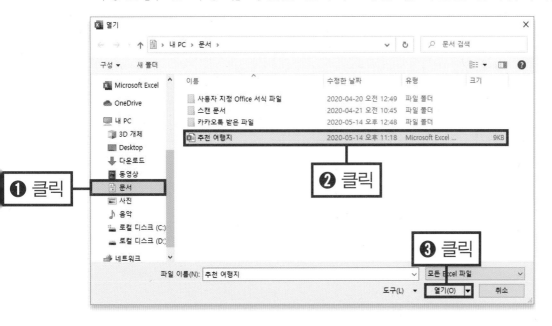

혼자서도 만들 수 있어요!

1 엑셀 2016 프로그램을 실행하여 다음과 같이 데이터를 입력해 보세요.

	A	B	C
1	나라 수도		
2			
3	그리스	아테네	
4	독일	베를린	
5	캐나다	오타와	
6	터키	앙카라	
7	필리핀	마닐라	
8			

2 다음과 같이 데이터를 입력하고 [문서] 폴더에 '천만 영화.xlsx' 파일로 저장해 보세요.

	A	B	C
1	천만 영화		
2			
3	제목	관객수	
4	명량	1761만명	
5	극한직업	1626만명	
6	신과함께	1441만명	
7	국제시장	1426만명	
8	베테랑	1341만명	
9			

HINT 데이터 입력 → [파일] 탭-[저장]-[찾아보기]를 차례대로 클릭 → '다른 이름으로 저장' 대화 상자에서 [문서] 클릭 후 '파일 이름' 입력란에 '천만 영화' 입력한 다음 [저장] 클릭

데이터 입력하기

POINT

엑셀은 계산 작업을 위한 프로그램이므로 계산을 할 수 있는 숫자와 계산을 할 수 없는 문자를 구분하여 입력해야 작업 시 오류를 줄일 수 있습니다. 여기서는 한글, 한자 등의 문자 데이터와 아라비아 숫자, 날짜 등의 숫자 데이터를 입력하는 방법을 배웁니다.

완성 화면
미리 보기

	A	B	C	D	E	F	G	H
1								
2		■여행 동호회 회원 명단						
3								
4		성명	성별(性別)	지역	출생년도	가입 날짜		
5		김미자	여	영등포구	1967	05월 01일		
6		서지훈	남	동대문구	1965	05월 07일		
7		박동욱	남	성북구	1970	05월 19일		
8		이은숙	여	성북구	1972	05월 19일		
9		양은경	여	강북구	1969	05월 24일		
10								
11								
12								
13								

여기서 배워요! 문자와 숫자 입력, 날짜 입력, 기호와 한자 입력

1 ····· [B2] 셀을 클릭한 후 '여행 동호회 회원 명단'을 입력한 다음 Enter⏎를 누릅니다. 입력된 문자가 셀 너비보다 긴 경우 오른쪽 셀이 비어 있으면 그대로 연결되어 표시됩니다.

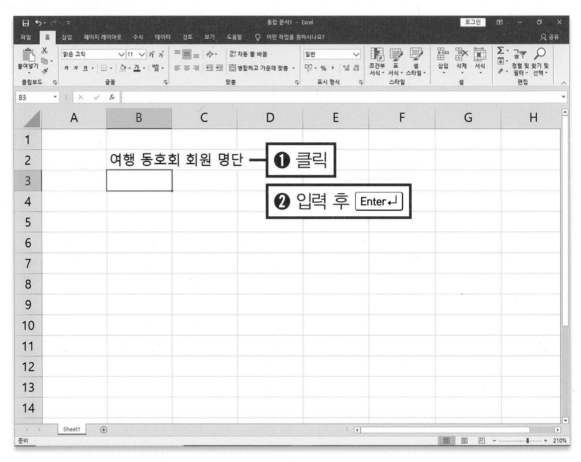

2 ····· [B4] 셀부터 다음과 같이 데이터를 입력합니다. 문자 데이터를 입력하면 자동으로 왼쪽 정렬됩니다.

	A	B	C	D	E	F
1						
2		여행 동호회 회원 명단				
3						
4		성명	성별	지역	출생년도	
5		김미자	여	영등포구		
		서지훈	남	동대문구		
		박동욱	남	성북구		
8		이은숙	여	성북구		
9		양은경	여	강북구		
10						

입력

3 ..... [F4] 셀을 클릭한 후 '가입'을 입력하고 [Alt]+[Enter↵]를 누릅니다. 커서가 아래로 내려가면 '날짜'를 입력한 후 [Enter↵]를 누릅니다.

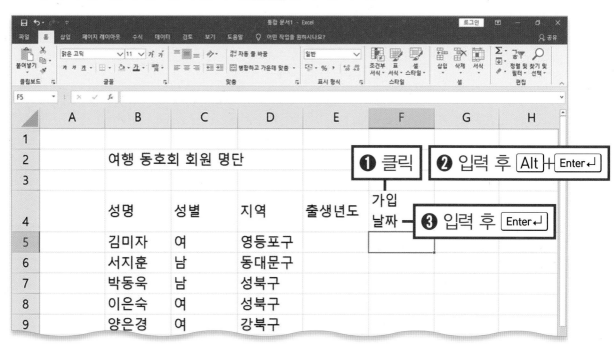

 문자를 여러 줄에 걸쳐 입력해야 할 경우 [Alt]+[Enter↵]를 사용하면 됩니다.

4 ..... [E5] 셀부터 다음과 같이 데이터를 입력합니다. 숫자 데이터를 입력하면 자동으로 오른쪽 정렬됩니다.

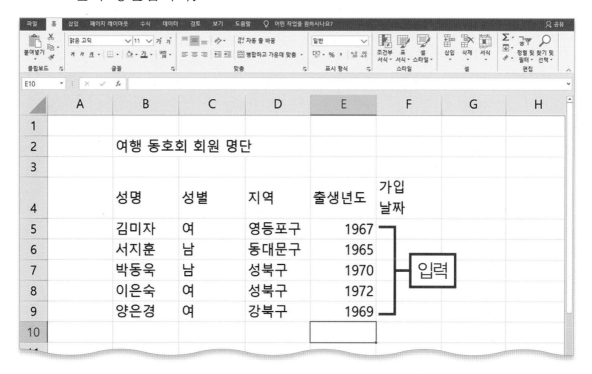

1 ¨¨¨¨ 날짜는 년, 월, 일의 구분 기호를 하이픈(–)이나 슬래시(/)로 입력해야 합니다.
[F5] 셀에 '5-1'을 입력한 후 Enter↵ 를 누릅니다. '05월 01일'로 나타납니다.

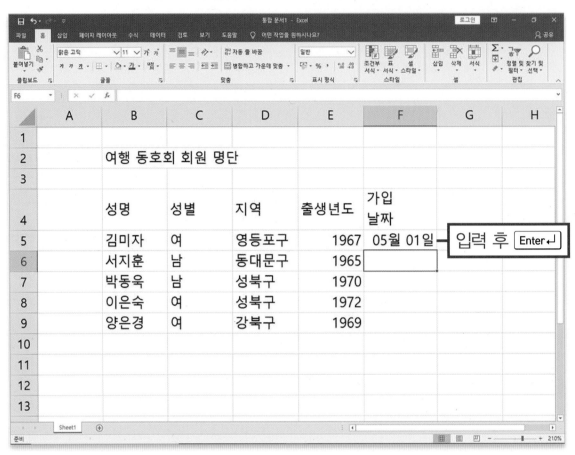

2 ¨¨¨¨ 같은 방법으로 다음과 같이 나머지 날짜 데이터를 입력합니다.

여행 동호회 회원 명단				
성명	성별	지역	출생년도	가입 날짜
김미자	여	영등포구	1967	05월 01일
서지훈	남	동대문구	1965	05월 07일
박동욱	남	성북구	1970	05월 19일
이은숙	여	성북구	1972	05월 19일
양은경	여	강북구	1969	05월 24일

입력

조금 더
배우기

시간은 시, 분, 초를 콜론(:)으로 구분하여 입력합니다. 10시 15분을 나타낼 경우 '10:15'로 입력합니다.

1 ...... [C4] 셀을 더블 클릭하여 커서가 생기면 '성별'을 드래그하여 선택한 후 키보드의 [한자]를 누릅니다.

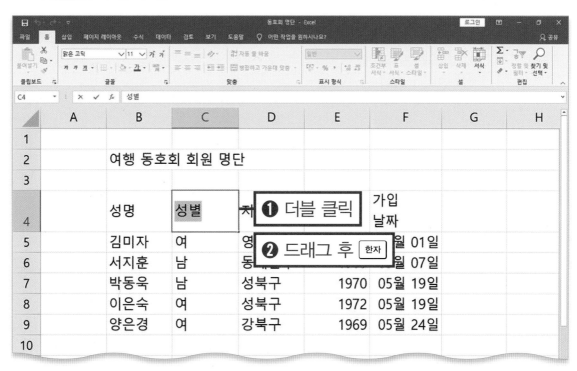

2 ...... '한글/한자 변환' 대화 상자가 나타나면 '한자 선택'에서 변환할 한자인 [性別]을 선택합니다. '입력 형태'에서 [한글(漢字)]을 클릭한 후 [변환] 버튼을 클릭하고 [Enter↵]를 누릅니다.

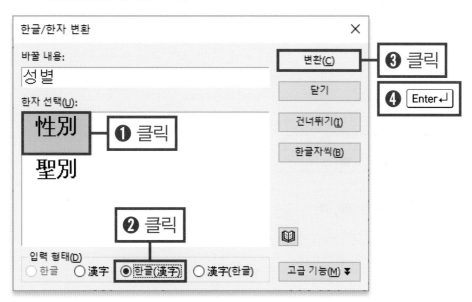

조금 더 배우기

한자는 입력 형태의 선택에 따라 변환 결과가 달라집니다. 입력 형태가 [漢字]라면 '性別'로, [漢字(한글)]이라면 '性別(성별)' 형식으로 표시됩니다.

3 ..... 기호를 입력하기 위해 [B2] 셀을 더블 클릭한 후 커서를 '여행' 앞에 위치시킵니다. [삽입] 탭을 클릭한 다음 [기호] 그룹에서 [기호]를 클릭합니다.

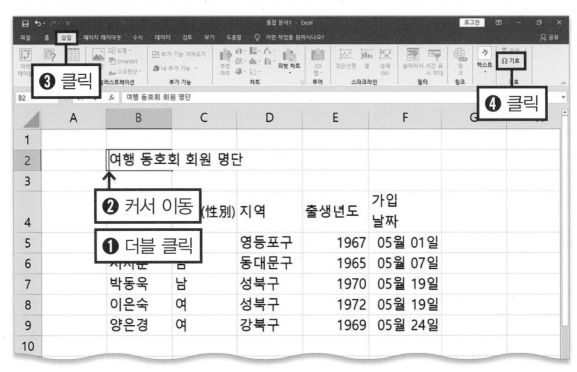

4 ..... '기호' 대화 상자가 나타나면 '하위 집합'에서 [도형 기호]를 찾아 선택합니다. 목록에서 삽입할 기호인 [■]를 선택한 후 [삽입]-[닫기] 버튼을 차례대로 클릭합니다.

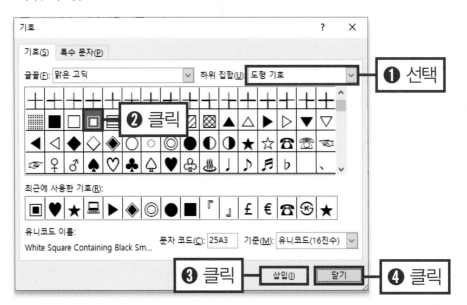

 한글의 자음(ㄱ, ㄴ, ㄷ, ㄹ…)을 입력한 후 [한자]를 누르면 기호 목록이 나타납니다. 목록 아래의 [보기 변경]([»]) 버튼을 클릭하여 나타난 전체 목록에서 원하는 기호를 선택할 수도 있습니다.

혼자서도 만들 수 있어요!

1 워크시트에 다음과 같이 데이터를 입력해 보세요.

	A	B	C	D	E
1	한마음 아파트 부녀회 명단				
2					
3	직책	성명	▶동	▶호수	生年月日
4	회장	박희정	102	1006	1955-06-05
5	부회장	이미숙	103	607	1969-07-04
6	총무	박향숙	105	1202	1974-08-02
7	감사	김정미	108	505	1967-03-21

- **기호 입력 :** [삽입] 탭–[기호] 그룹에서 [기호] 클릭 → [하위 집합]에서 [도형 기호] 선택 → 기호 선택 후 [삽입]–[닫기] 클릭
- **한자 입력 :** '생년월일' 입력 후 드래그하여 선택한 다음 [한자] 클릭 → [입력 형태] 선택 후 [변환] 클릭

2 워크시트에 다음과 같이 데이터를 입력해 보세요.

	A	B	C	D	E
1	🖳수강생 모집				
2					
3	과정명	인원	수강료	개강일	시작 시간 (오후)
4	인터넷	20	20000	03월 02일	14:00
5	엑셀	15	30000	03월 09일	14:00
6	스마트폰	15	30000	03월 09일	19:00
7	한글	20	20000	03월 23일	19:00

- **기호 입력 :** [삽입] 탭–[기호] 그룹에서 [기호] 클릭 → [글꼴]에서 [Wingdings] 클릭 → 기호 선택 후 [삽입]–[닫기] 클릭
- **한 셀에 두 줄 입력 :** '시작 시간' 입력 후 Alt + Enter↵ → '(오후)' 입력 후 Enter↵

CHAPTER 04

셀 수정 및 행/열 편집하기

워크시트에 데이터를 입력한 후 셀의 내용을 수정하거나 삭제해야 하는 경우가
있습니다. 또한 행이나 열을 삽입하거나 삭제해야 하는 경우도 있습니다.
여기서는 데이터를 수정하는 방법과 행과 열을 편집하는 방법에 대해 알아봅니다.

완성 화면
미리 보기

	A	B	C	D	E	F	G	H
1								
2		■여행 동호회 신입 회원 명단						
3								
4		이름	성별(性別)	지역	연락처	출생년도	가입 날짜	
5		김미자	여	영등포구	010-1000-2000	1967	05월 01일	
6		서지훈	남	서대문구	010-2000-3000	1965	05월 07일	
7		박동욱	남	성북구	010-3000-4000	1970	05월 19일	
8		이은숙	여	성북구	010-4000-5000	1972	05월 19일	
9								
10								
11								
12								

여기서
배워요! 셀 수정, 행 높이와 열 너비 변경, 행/열 삽입과 삭제

STEP 1 셀 수정하기

1 ····· [예제 파일]-[4장] 폴더에서 [동호회 명단.xlsx] 파일을 불러옵니다. [B4] 셀을 클릭한 후 '성명'을 '이름'으로 변경하고 Enter↵를 누릅니다. 이처럼 셀 전체를 고치려면 셀을 클릭한 후 새 데이터를 입력합니다.

	A	B	C	D	E	F	G	H
1								
2		■여행 동호회 회원 명단						
3								
4		이름	❶ 클릭 녀		출생년도	가입 날짜		
5		김미자	여	❷ 입력 후 Enter↵	1967	05월 01일		
6		서지훈	남		1965	05월 07일		
7		박동욱	남	성북구	1970	05월 19일		
8		이은숙	여	성북구	1972	05월 19일		
9		양은경	여	강북구	1969	05월 24일		
10								
11								
12								

2 ····· 셀의 일부분을 수정하기 위해 [D6] 셀의 '대' 앞에서 더블 클릭합니다. 커서가 생기면 Back Space를 눌러 앞의 내용을 삭제하고 '서'를 입력한 다음 Enter↵를 누릅니다.

	A	B	C	D	E	F	G	H
1								
2		■여행 동호회 회원 명단						
3								
4		이름	성별(性別)	지역	출생년도	가입 날짜		
5		김미자	여	영등포구	1967	05월 01일		
6		서지훈	남	서대문구	1965	05월 07일		
7		박동욱	남	성북구	1970	05월 19일		
8		이은숙	여	❶ 더블 클릭 후 Back Space				
9		양은경	여					
10				❷ 입력 후 Enter↵				
11								
12								

 셀에 입력된 데이터를 삭제할 때에는 셀을 클릭한 후 Delete를 누릅니다.

3 ..... 수식 입력줄을 이용하여 데이터를 수정할 수 있습니다. [B2] 셀을 클릭한 후 주소 표시줄의 '회원' 앞에 커서를 위치시킨 다음 '신입 '을 입력하고 `Enter↵` 를 누릅니다.

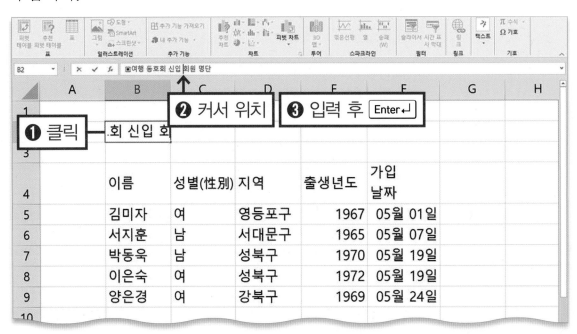

STEP 2 행 높이와 열 너비 변경하기

1 ..... 열 너비를 조절하기 위해 [A]열 머리글과 [B]열 머리글의 경계선에 마우스를 위치시키면 포인터가 (✛)으로 바뀝니다. 이때 마우스를 왼쪽으로 드래그하여 너비를 좁게 조정합니다.

2 여러 행의 높이를 조절하기 위해 [5]행 머리글에서 [9]행 머리글까지 마우스로 드래그하여 범위를 지정한 후 선택한 행 머리글의 경계선에 마우스를 위치시키면 포인터가 (➕)으로 바뀝니다. 이때 마우스를 아래로 드래그하여 높이를 넓게 조정합니다.

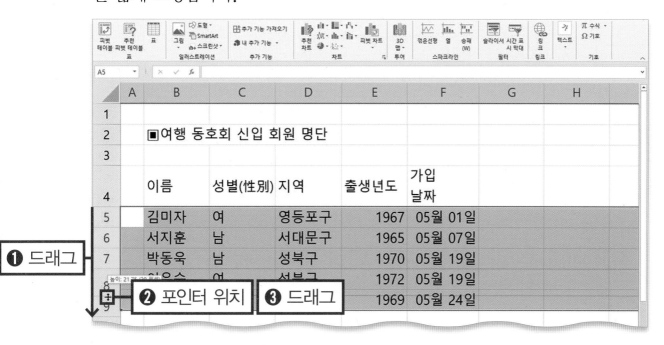

❶ 드래그
❷ 포인터 위치 ❸ 드래그

3 [F]열 머리글에서 마우스 오른쪽 버튼을 누른 후 [열 너비]를 클릭합니다.

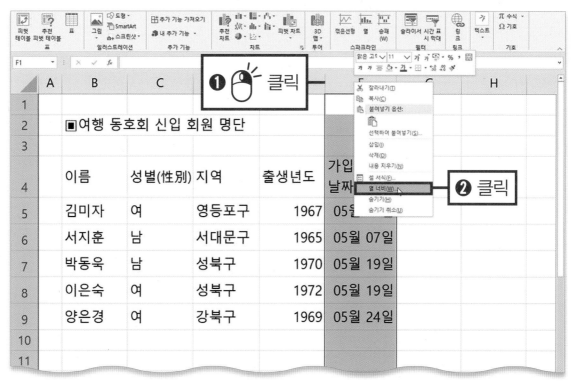

❶ 클릭
❷ 클릭

4 ····· '열 너비' 대화 상자가 나타나면 '열 너비' 입력란에 '12'를 입력한 후 [확인] 버튼을 클릭합니다. 입력한 수치만큼 너비가 조정됩니다.

행 높이는 행 머리글을 클릭한 후 마우스 오른쪽 버튼을 눌러 [행 높이]를 클릭합니다. '행 높이' 입력란에 수치를 입력하면 높이가 조정됩니다.

STEP 3 　행과 열 삽입/삭제하기

1 ····· 새로운 열을 삽입하기 위해 [E]열 머리글에서 마우스 오른쪽 버튼을 누른 후 [삽입]을 클릭합니다. 선택한 열의 왼쪽에 새로운 열이 삽입된 것을 확인할 수 있습니다.

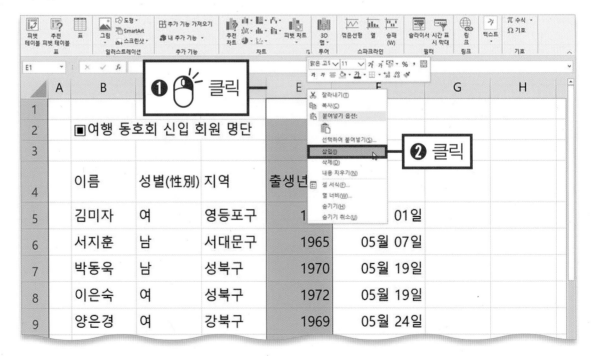

행 머리글에서 마우스 오른쪽 버튼을 눌러 [삽입]을 클릭하면 선택한 행의 위쪽에 새로운 행이 삽입됩니다.

2 삽입한 열에 그림과 같이 데이터를 입력한 후 [E]열 머리글과 [F]열 머리글의
경계선을 더블 클릭합니다. 텍스트 길이에 맞춰 열 너비가 자동 조절됩니다.

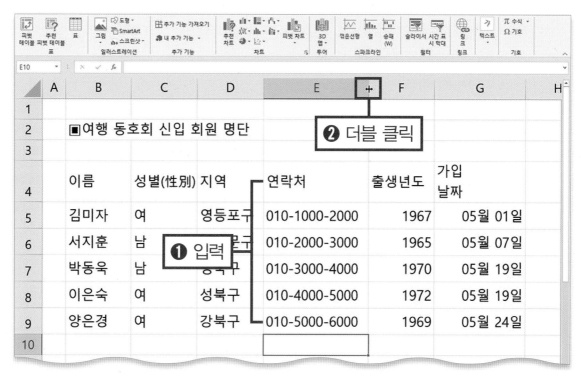

3 행을 삭제하기 위해 [9]행 머리글에서 마우스 오른쪽 버튼을 누른 후 [삭제]를
클릭합니다. 선택한 행이 삭제된 것을 확인할 수 있습니다.

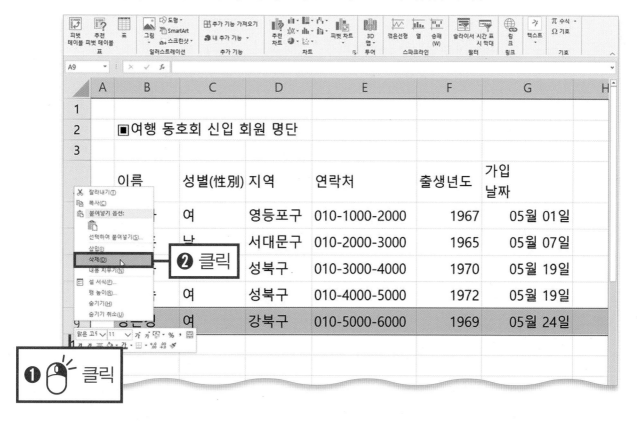

혼자서도 만들 수 있어요!

1 [4장] 폴더에서 [수강생 모집.xlsx] 파일을 열고 셀의 너비와 높이를 아래의 조건대로 변경한 후 [A4:A7] 셀의 데이터를 다음과 같이 수정해 보세요.

- 3행~7행 높이 : 25
- A열~F열 너비 : 13

	A	B	C	D	E	F
1	여성 문화강좌 수강생 모집					
2						
3	강좌명	정원	수강료	강의실	요일	시간
4	수지침	15	30000	취미교실1	월	14:00~16:00
5	댄스 스포츠	15	30000	소회의실	수	10:00~12:00
6	생활공예	20	20000	다목적홀	목	14:00~16:00
7	요가 교실	10	20000	체력단련실	금	11:00~12:00

HINT **행 높이와 열 너비 변경** : 머리글을 드래그하여 선택한 후 마우스 오른쪽 버튼 클릭 → [행 높이] 또는 [열 너비] 클릭 후 값 입력

2 [4장] 폴더에서 [부녀회 명단.xlsx] 파일을 열고 행과 열을 아래의 조건대로 변경한 후 삽입한 행에 다음과 같이 데이터를 입력해 보세요.

- 열 삭제 : E열
- 행 삽입 : 7행 위

	A	B	C	D	E
1	한마음 아파트 부녀회 명단				
2					
3	직책	성명	▶동	▶호수	연락처
4	회장	박희정	102	1006	010-0147-0258
5	부회장	이미숙	103	607	010-2580-3690
6	총무	박향숙	105	1202	010-4567-8901
7	서기	최혜숙	101	201	010-1234-5678
8	감사	김정미	108	505	010-9874-9632

HINT
- **열 삭제** : [E]열 머리글에서 마우스 오른쪽 버튼 누른 후 [삭제] 클릭
- **행 삽입** : [7]행 머리글에서 마우스 오른쪽 버튼 누른 후 [삽입] 클릭

CHAPTER 05

셀 서식 지정하여 표 꾸미기

워크시트의 내용을 시각적으로 읽기 쉽게 하기 위해서는
셀 서식을 지정하는 것이 필요합니다. 여기서는 글꼴, 테두리, 맞춤,
쉼표 스타일 지정 등 셀을 편집하는 방법에 대해 알아봅니다.

완성 화면
미리 보기

테마명	여행 장소	여행 기간	인당 가격	출발 일자
먹방투어	강릉	당일	100,000	2020-03-07
트래킹 투어	부산	1박 2일	200,000	2020-04-04
캠핑 투어	홍천	1박 2일	120,000	2020-04-18
힐링투어	제주도	3박 4일	350,000	2020-05-05
산악투어	울릉도	2박 3일	250,000	2020-06-13

테마 여행 참가자 모집

여기서
배워요!
글꼴 지정, 맞춤 지정, 표시 형식 지정

1 ..... [예제 파일]–[5장] 폴더에서 [참가자 모집.xlsx] 파일을 불러옵니다. 글꼴을 변경하기 위해 [A1] 셀을 클릭합니다. [홈] 탭의 [글꼴] 그룹에서 '글꼴'의 [목록 단추]( )를 클릭한 후 [HY그래픽M]을 선택합니다.

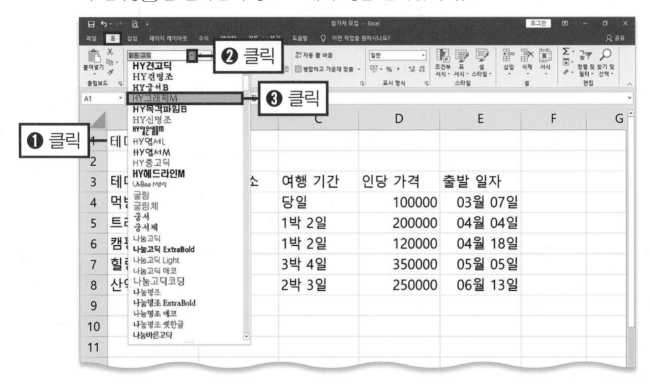

2 ..... 글꼴 크기를 변경하기 위해 [글꼴] 그룹에서 '글꼴 크기'의 [목록 단추]( )를 클릭한 후 [18]을 선택합니다.

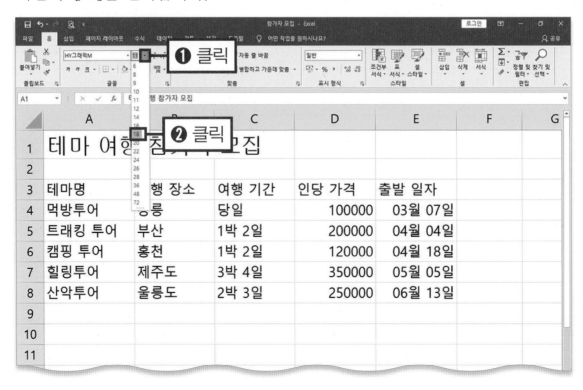

3 글꼴 스타일과 색을 변경하기 위해 [글꼴] 그룹에서 [굵게](가)를 클릭합니다. 다음으로 [글꼴 색](가 ▾)의 [목록 단추](▾)를 클릭한 후 '표준 색'에서 [진한 파랑]을 선택합니다.

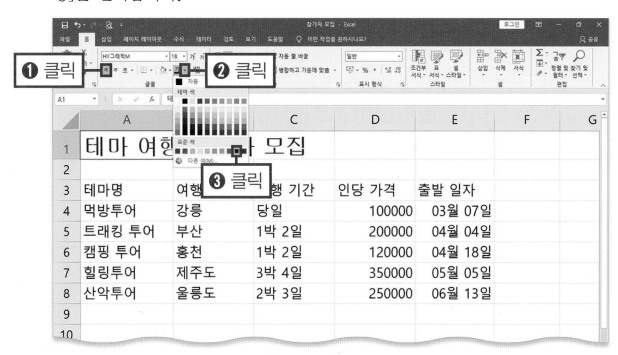

4 [A3:E3] 셀을 드래그하여 범위를 지정한 다음 '글꼴'을 [HY중고딕]으로 바꾸고 [굵게](가)를 클릭합니다. 다음으로 [글꼴 크기 크게](가)를 한 번 클릭하여 글꼴 크기를 [12]로 변경합니다.

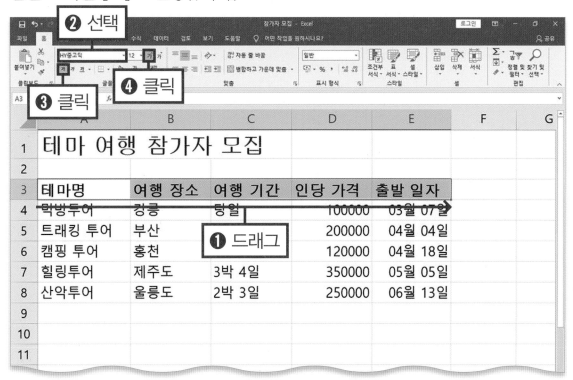

5 채우기 색을 변경하기 위해 범위가 선택된 상태에서 [채우기 색](🎨 ▾)의 [목록 단추](▾)를 클릭하고 '테마 색'에서 [파랑, 강조 5, 60% 더 밝게]를 선택합니다.

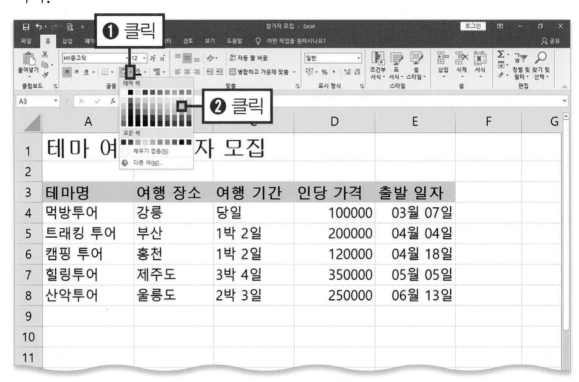

6 테두리를 지정하기 위해 [A3:E8] 셀을 드래그하여 범위를 지정합니다. [글꼴] 그룹에서 [테두리](▦ ▾)의 [목록 단추](▾)를 클릭한 다음 [모든 테두리]를 선택합니다.

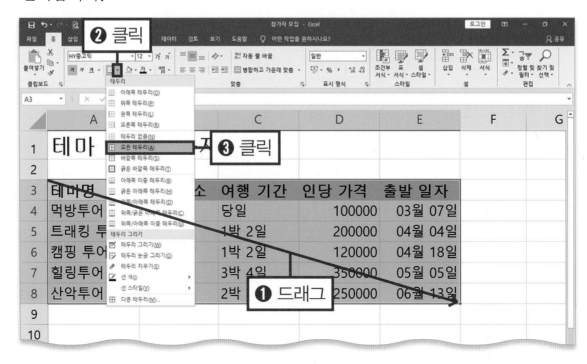

1 [A3:E8] 범위가 선택된 상태에서 [맞춤] 그룹의 [가운데 맞춤](☰)을 클릭합니다.

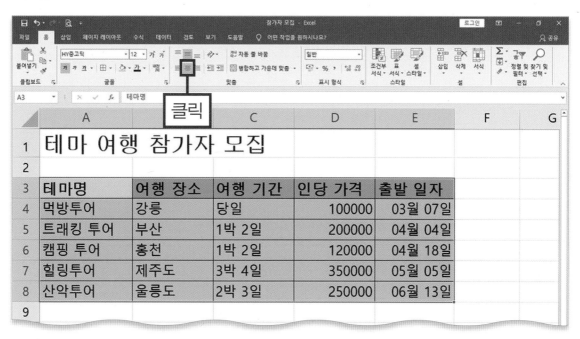

2 셀을 병합하기 위해 [A1:E1] 셀을 드래그하여 범위를 지정한 후 [맞춤] 그룹에서 [병합하고 가운데 맞춤]을 클릭합니다. 선택한 셀 영역이 하나의 셀로 합쳐지며 가운데 정렬된 것을 확인할 수 있습니다.

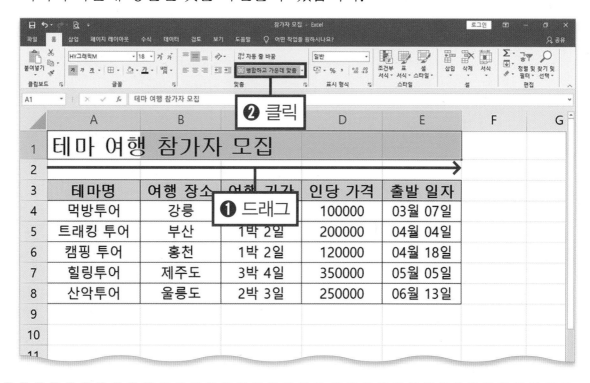

 조금 더 배우기

병합한 셀을 원래 상태로 되돌리려면 [병합하고 가운데 맞춤]을 다시 클릭합니다.

1 표시 형식을 지정하기 위해 [D4:D8] 셀을 드래그하여 범위를 지정한 후 [표시 형식] 그룹에서 [쉼표 스타일](🛉)을 클릭합니다. 천 단위 구분 기호가 표시됩니다.

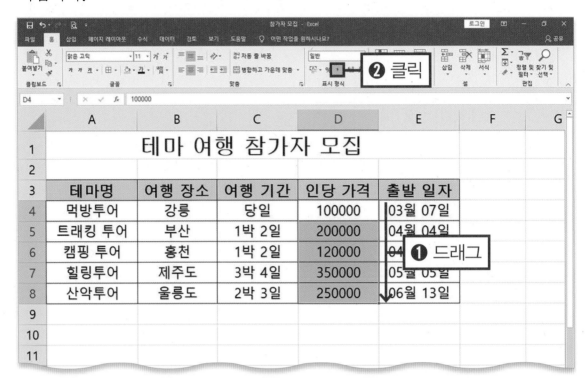

2 [E4:E8] 셀을 드래그하여 범위를 지정한 후 [표시 형식] 그룹에서 '표시 형식'의 [목록 단추](▼)를 클릭한 후 [간단한 날짜]를 클릭합니다.

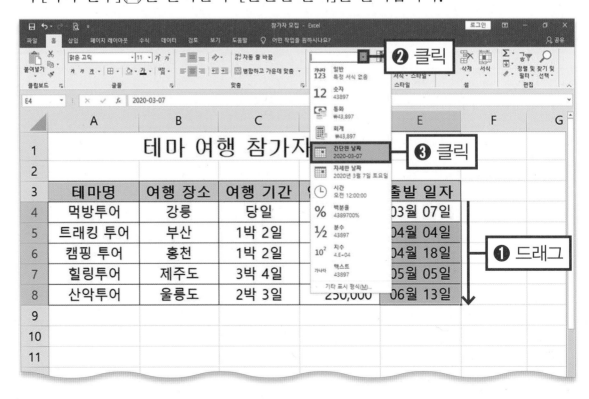

혼자서도 만들 수 있어요!

1 [5장] 폴더에서 [동호회 명단.xlsx] 파일을 열고 글꼴과 맞춤 서식을 지정해 보세요.
- [B2:G2] 셀 : 글꼴(궁서체), 글꼴 크기(16), 병합하고 가운데 맞춤
- [B4:G4] 셀 : 글꼴(궁서체), 글꼴 크기(12), 채우기 색(파랑), 글꼴 색(흰색, 배경 1)
- [B4:G8] 셀 : 글꼴(궁서체), 가운데 맞춤, 모든 테두리, 굵은 바깥쪽 테두리

■ 여행 동호회 신입 회원 명단 ■					
이름	성별	지역	연락처	출생년도	가입날짜
김미자	여	영등포구	010-1000-2000	1967	05월 01일
서지훈	남	서대문구	010-2000-3000	1965	05월 07일
박동욱	남	성북구	010-3000-4000	1970	05월 19일
이은숙	여	성북구	010-4000-5000	1972	05월 19일

테두리 지정 : [B4:G8] 셀까지 범위 지정 → [홈] 탭-[글꼴] 그룹의 [테두리]에서 [모든 테두리], [굵은 바깥쪽 테두리]를 차례대로 클릭

2 [5장] 폴더에서 [판매 현황.xlsx] 파일을 열고 맞춤과 표시 형식 서식을 지정해 보세요.
- 병합하고 가운데 맞춤 : [B1:F1], [B4:B5], [B6:B7], [B8:B9]
- 표시 형식 : 회계 서식-[E4:E9], 쉼표 스타일-[F4:F9]

홈쇼핑 판매 현황				
분류	상품명	방송일	판매가	판매량
식품	함박스테이크	10월 01일	₩ 25,900	3,895
	한줌견과	10월 05일	₩ 33,900	12,958
의류	티셔츠 4종	10월 12일	₩ 25,000	6,972
	썸머 린넷 자켓	10월 18일	₩ 45,000	2,578
화장품	달팽이 크림	10월 20일	₩ 64,900	1,950
	모이스처 세럼	10월 27일	₩ 20,900	7,621

회계 서식 지정 : [E4:E9] 셀 범위 지정 → [홈] 탭-[표시 형식] 그룹의 [표시 형식]에서 [회계] 클릭

CHAPTER 06
자동 채우기로 여행 일정 작성하기

셀에 연속적으로 같은 데이터나 일정한 규칙이 있는 데이터를 일일이 직접 입력하는
대신 자동 채우기 기능을 이용하면 보다 빠르게 값을 입력할 수 있습니다.
여기서는 자동 채우기로 데이터를 입력하는 방법에 대해 알아봅니다.

완성 화면
미리 보기

일차	1	2	3	4
날짜	05월 05일	05월 06일	05월 07일	05월 08일
시간/요일	목요일	금요일	토요일	일요일
10:00	도착 및 짐풀기	승마 체험	섭지코지	천지연 폭포
11:00				
12:00				
13:00	1일차 점심	2일차 점심	3일차 점심	4일차 점심
14:00	한림 공원	산방산	우도	집으로
15:00				
16:00				
17:00				
18:00	저녁 및 휴식	저녁 및 휴식	저녁 및 휴식	

◑ 제주도 여행 일정 ◑

여기서 배워요!
자동 채우기

자동 채우기

1 [예제 파일]-[6장] 폴더에서 [여행 일정.xlsx] 파일을 불러옵니다. [C3] 셀에 '1'을 입력합니다. [C3] 셀의 [채우기 핸들](![+]) 위에 마우스를 올려놓고 포인터가 [검은색 십자가](✚) 모양일 때 [F3] 셀까지 옆으로 드래그합니다. 셀 값이 복사됩니다.

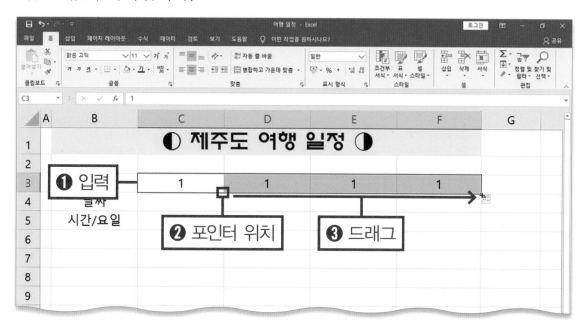

2 연속된 숫자를 표시하기 위해 오른쪽 아래의 [자동 채우기 옵션](![]]을 클릭하여 [연속 데이터 채우기]를 클릭합니다. 셀 값이 1씩 증가합니다.

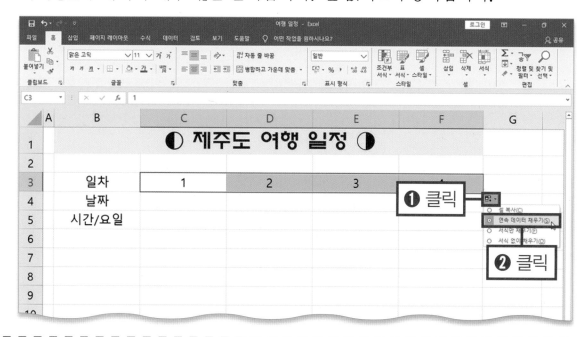

 조금 더 배우기 [C3] 셀을 클릭하고 Ctrl을 누른 상태로 [채우기 핸들]을 [F3] 셀까지 드래그해도 1씩 증가하면서 값이 채워집니다.

3 [C4] 셀을 클릭하여 '5-5'를 입력합니다. 연속된 날짜를 표시하기 위해 [C4] 셀의 [채우기 핸들](⊞) 위에 마우스를 올려놓고 포인터가 [검은색 십자가](➕) 모양일 때 [F4] 셀까지 옆으로 드래그합니다. 셀 값이 1일 단위로 증가합니다.

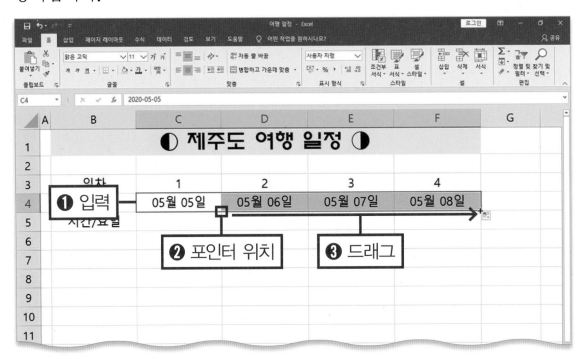

4 [C5] 셀에 '목요일'을 입력한 후 [C5] 셀의 [채우기 핸들](⊞) 위에 마우스를 올려놓고 포인터가 [검은색 십자가](➕) 모양일 때 [F5] 셀까지 옆으로 드래그합니다.

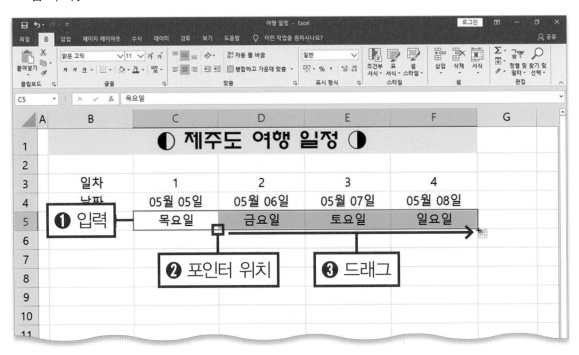

5 [B6] 셀을 클릭한 후 '10:00'을 입력합니다. 연속된 시간을 표시하기 위해 [B6] 셀의 [채우기 핸들](⊞) 위에 마우스를 올려놓고 포인터가 [검은색 십자가](✚) 모양일 때 [B14] 셀까지 아래로 드래그합니다. 셀 값이 1시간 단위로 증가합니다.

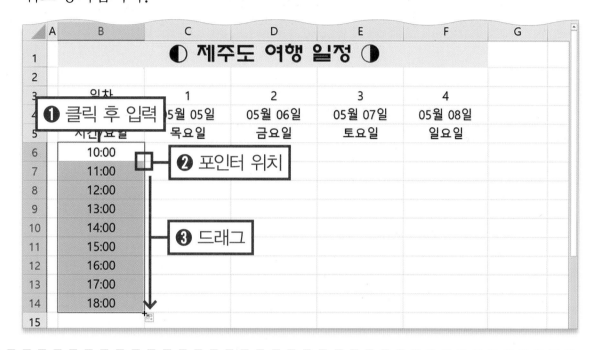

 시작 값과 증가 값을 입력한 후 두 셀을 블록 지정한 다음 자동 채우기 하면 두 숫자 값의 차이만큼 데이터가 채워집니다.

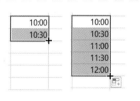

6 [C9] 셀에 '1일차 점심'을 입력합니다. [C9] 셀의 [채우기 핸들](⊞) 위에 마우스를 올려놓고 포인터가 [검은색 십자가](✚) 모양일 때 [F9] 셀까지 옆으로 드래그합니다. 셀에 숫자와 문자가 있으면 숫자는 증가하고 문자는 복사됩니다.

A	B	C	D	E	F	G
1		◑ 제주도 여행 일정 ◑				
2						
3	일차	1	2	3	4	
4	날짜	05월 05일	05월 06일	05월 07일	05월 08일	
5	시간/요일	목요일	금요일	토요일	일요일	
6	10:00					
7	11:00					
8	12:00					
9	❶입력	1일차 점심	2일차 점심	3일차 점심	4일차 점심	
10	14:00					
11	15:00	❷ 포인터 위치		❸ 드래그		

7 [C14] 셀에 '저녁 및 휴식'을 입력합니다. [C14] 셀의 [채우기 핸들](⊞) 위에 마우스를 올려놓고 포인터가 [검은색 십자가](✚) 모양일 때 [E14] 셀까지 옆으로 드래그합니다. 셀 값이 복사됩니다.

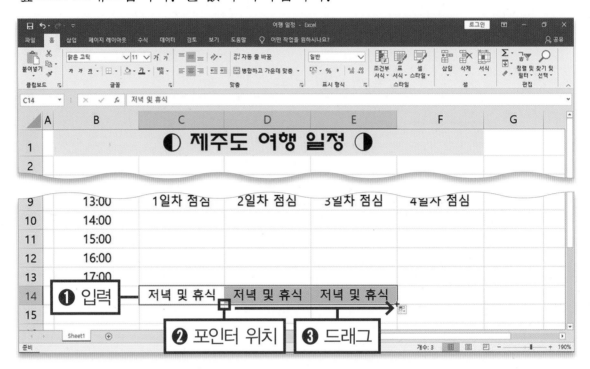

8 [C6:C8] 셀을 드래그하여 범위를 지정한 후 [맞춤] 그룹에서 [병합하고 가운데 맞춤]을 클릭합니다. 이어 병합된 [C6] 셀의 [채우기 핸들](⊞) 위에 마우스를 올려놓고 포인터가 [검은색 십자가](✚) 모양일 때 [F]열까지 옆으로 드래그합니다.

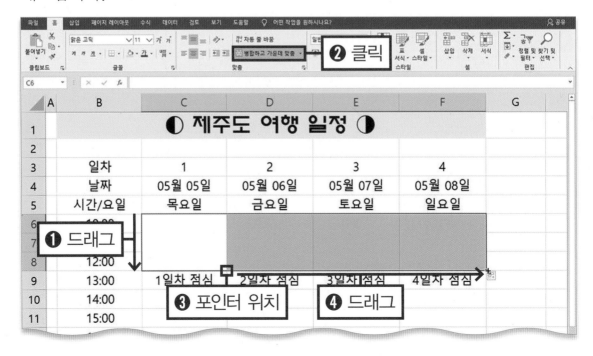

9 [C10:C13] 셀을 드래그하여 범위를 지정한 후 [맞춤] 그룹에서 [병합하고 가운데 맞춤]을 클릭합니다. 이어 병합된 [C10] 셀의 [채우기 핸들](⊞) 위에 마우스를 올려놓고 포인터가 [검은색 십자가](➕) 모양일 때 [E]열까지 옆으로 드래그합니다.

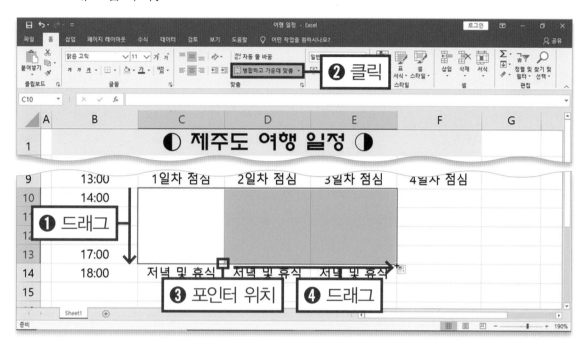

10 다음과 같이 데이터를 입력합니다. [B3:F14] 셀을 드래그하여 범위를 지정한 후 [글꼴] 그룹에서 [테두리](▦ ▼)의 [목록 단추](▼)를 클릭한 다음 [모든 테두리]를 선택합니다.

▶ 자동 채우기 옵션

• 자동 채우기 옵션은 문자, 숫자, 날짜, 시간 등 데이터 형식에 따라 다르게 나타납니다.

▼ 문자 데이터	▼ 숫자 데이터	▼ 날짜 데이터	▼ 시간 데이터
◉ 셀 복사(C)	◉ 셀 복사(C)	○ 셀 복사(C)	○ 셀 복사(C)
○ 서식만 채우기(F)	○ 연속 데이터 채우기(S)	◉ 연속 데이터 채우기(S)	◉ 연속 데이터 채우기(S)
○ 서식 없이 채우기(O)	○ 서식만 채우기(F)	○ 서식만 채우기(F)	○ 서식만 채우기(F)
○ 빠른 채우기(F)	○ 서식 없이 채우기(O)	○ 서식 없이 채우기(O)	○ 서식 없이 채우기(O)
	○ 빠른 채우기(F)	○ 일 단위 채우기(D)	○ 빠른 채우기(F)
		○ 평일 단위 채우기(W)	
		○ 월 단위 채우기(M)	
		○ 연 단위 채우기(Y)	
		○ 빠른 채우기(F)	

▶ 사용자 지정 목록

• [파일] 탭의 [옵션]–[고급]–[사용자 지정 목록 편집]을 차례대로 클릭하여 나타나는 '사용자 지정 목록' 대화 상자에는 월요일, 화요일, 수요일…, 1월, 2월, 3월… 과 같이 자주 이용하는 목록이 등록되어 있습니다. 사용자가 자주 사용하는 목록이 있을 경우 '사용자 지정 목록'에 추가해 두면 보다 편하게 데이터를 입력할 수 있습니다.

• '사용자 지정 목록' 대화 상자에서 '목록 항목'에 새로 등록할 데이터를 입력한 후 [추가]–[확인] 버튼을 차례대로 클릭하면 입력된 순서에 따라 자동 채우기가 이루어집니다.

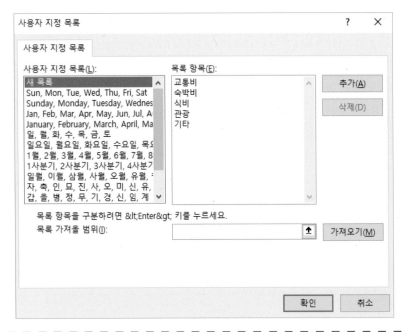

아래 순서를 따라 하며 달력을 만들어 보세요.

	A	B	C	D	E	F	G
1				2021.08			
2							
3	일	월	화	수	목	금	토
4	1	2	3	4	5	6	7
5	8	9	10	11	12	13	14
6	15	16	17	18	19	20	21
7	22	23	24	25	26	27	28
8	29	30	31				
9							

❶ [A1] 셀에 '2021.08' 입력 → 서식 지정([글꼴](휴먼엑스포), [글꼴 크기](36))

❷ [A1:G1] 셀 범위 지정 → [병합하고 가운데 맞춤] 클릭

❸ [A3] 셀에 '일' 입력 → [G3] 셀까지 자동 채우기

❹ [A4] 셀에 '1' 입력 → [G4] 셀까지 자동 채우기 → [자동 채우기 옵션] 클릭 후 [연속 데이터 채우기] 선택

❺ [A5] 셀에 '8' 입력 → [G5] 셀까지 자동 채우기 → [자동 채우기 옵션] 클릭 후 [연속 데이터 채우기] 선택

❻ [A4:G5] 셀 범위 지정 → [G7] 셀까지 자동 채우기

❼ [A8] 셀에 '29' 입력 → [C8] 셀까지 자동 채우기 → [자동 채우기 옵션] 클릭 후 [연속 데이터 채우기] 선택

❽ [A3:G3] 셀 범위 지정 → [가운데 맞춤], [채우기 색](연한 녹색) 지정

❾ [A4:G8] 셀 범위 지정 → [위쪽 맞춤], [왼쪽 맞춤] 지정

❿ [A]~[G]열 머리글 선택 → [열 너비](16) 지정

⓫ [4]~[8]행 머리글 선택 → [행 높이](71) 지정

⓬ [A3:G8] 셀 범위 지정 → [굵게], [테두리](모든 테두리) 지정

표시 형식을 이용하여 명단 작성하기

POINT

표시 형식이란 셀에 숫자나 문자를 입력할 때 어떻게 표시할 것인지를 결정하는 것으로, 기본적으로 제공하는 것도 있지만 사용자 지정에서 직접 원하는 형식을 만들어 사용할 수 있습니다. 여기서는 표시 형식을 지정하는 방법에 대해 알아봅니다.

완성 화면
미리 보기

성명	신청 인원	신청일자	전화번호	납부금액
			승마 체험 신청 명단	
김경숙님	3명	2020-04-23	010-1234-5678	₩ 40,500
박동욱님	2명	2020-04-23	010-3000-4000	₩ 27,000
서지훈님	4명	2020-04-27	010-2000-3000	₩ 54,000
송선희님	3명	2020-04-28	010-1500-1500	₩ 40,500
이은숙님	4명	2020-04-30	010-4000-5000	₩ 54,000
최미숙님	4명	2020-05-01	010-0258-0258	₩ 54,000
한태상님	2명	2020-05-01	010-9876-5432	₩ 27,000

여기서 배워요!

표시 형식 지정, 사용자 지정 표시 형식 설정

표시 형식 지정하기

1 ····· [예제 파일]–[7장] 폴더에서 [신청 명단.xlsx] 파일을 불러옵니다. 날짜 서식을 변경하기 위해 [D4:D10] 셀을 드래그하여 범위를 지정한 후 [홈] 탭–[표시 형식] 그룹에서 '표시 형식'의 [목록 단추](▼)를 클릭한 다음 [간단한 날짜]를 선택합니다.

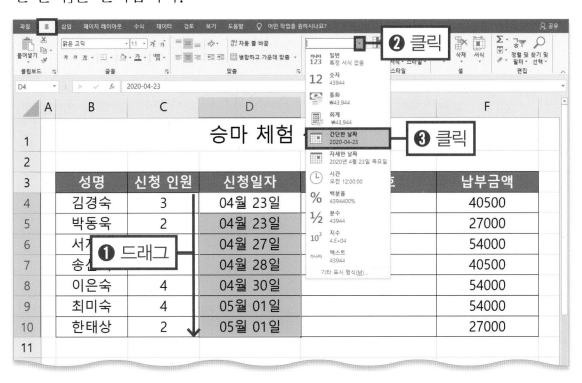

2 ····· 통화 기호를 표시하기 위해 [F4:F10] 셀을 드래그한 후 [표시 형식] 그룹에서 [회계 표시 형식](💲 ▾)의 [목록 단추](▼)를 클릭하고 [₩ 한국어]를 선택합니다.

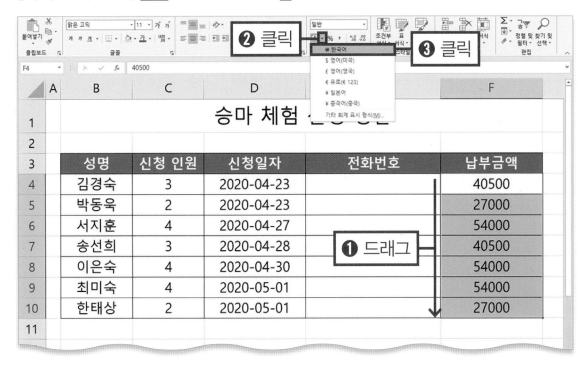

3 ..... 범위가 선택된 상태로 [표시 형식] 그룹에서 [자릿수 줄임](🔢)을 두 번 클릭하여 정수 형태로 나타냅니다.

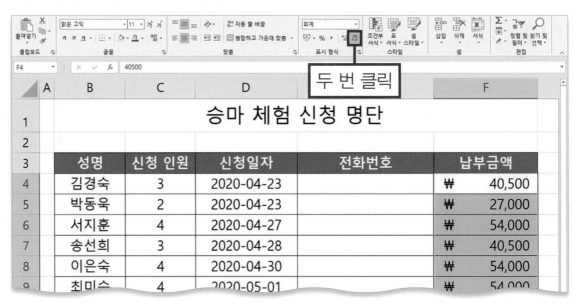

STEP 2 **사용자 지정 표시 형식 설정하기**

1 ..... [C4:C10] 셀을 드래그하여 범위를 지정한 후 [표시 형식] 그룹에서 [표시 형식](🔽) 버튼을 클릭합니다.

조금 더
배우기
[C4:C10] 셀을 드래그한 후 마우스 오른쪽 버튼을 눌러 [셀 서식] 메뉴를 클릭해도 됩니다.

2 ····· '셀 서식' 대화 상자가 나타나면 [표시 형식] 탭의 '범주' 메뉴에서 [사용자 지정]을 클릭합니다. '형식' 입력란에서 'G/표준' 뒤에 '"명"'을 추가로 입력한 다음 [확인] 버튼을 클릭합니다.

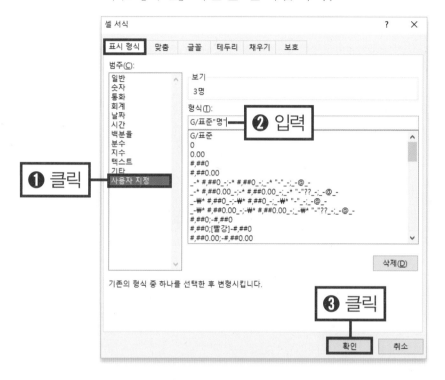

3 ····· [B4:B10] 셀을 드래그하여 범위를 지정한 후 [표시 형식](🔳) 버튼을 클릭합니다. '셀 서식' 대화 상자가 나타나면 [사용자 지정]을 클릭하고 '형식' 입력란에 '@"님"'을 입력한 다음 [확인] 버튼을 클릭합니다.

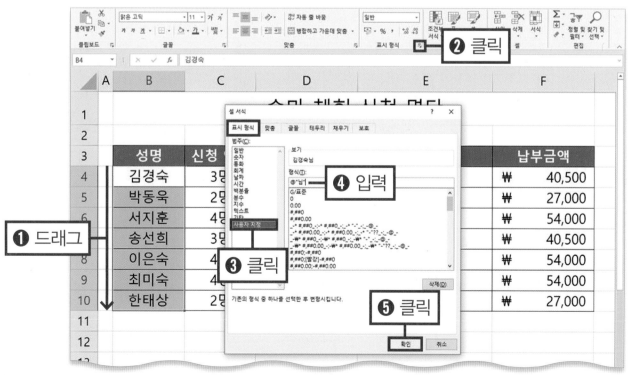

4 [E4] 셀에 010으로 시작하는 11자리 전화번호인 '01012345678'을 입력합니다. 첫 글자인 '0'이 표시되지 않는 것을 확인할 수 있습니다. 전체 전화번호를 표시하기 위해 [E4:E10] 셀을 드래그하여 범위를 지정한 후 [표시 형식](🔲) 버튼을 클릭합니다.

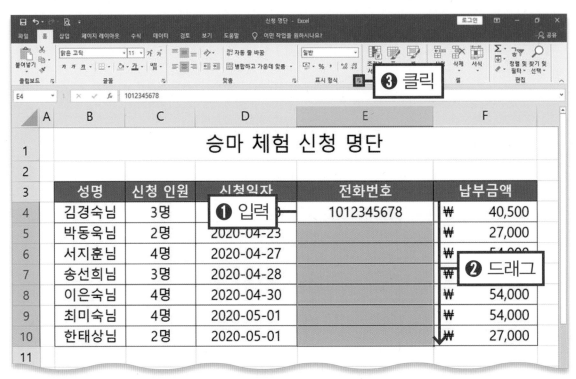

5 '셀 서식' 대화 상자가 나타나면 [사용자 지정]을 선택하고 '형식' 입력란에 '0##-####-####'을 입력한 다음 [확인] 버튼을 클릭합니다.

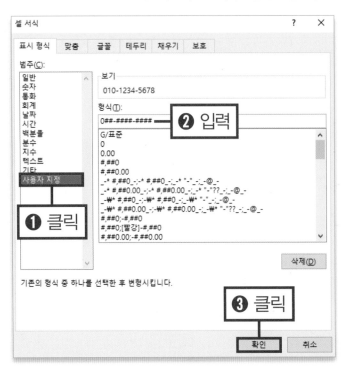

6 ····· 11자리의 전화번호가 나타납니다. [E5:E10] 셀에 하이픈(–)을 제외한 숫자를 입력하여 다음과 같이 문서를 완성합니다.

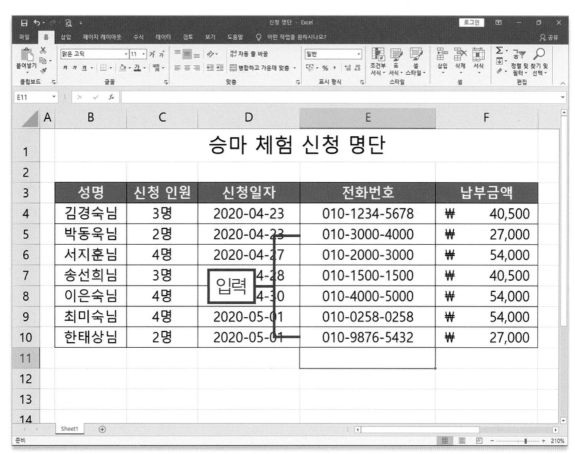

사용자 지정 표시 형식은 사용자가 직접 표시 형식을 지정하여 숫자, 문자, 날짜, 시간 등을 원하는 형식으로 표시할 수 있습니다. 다음은 [셀 서식]–[표시 형식] 탭의 [사용자 지정]에서 사용되는 주요 서식 코드입니다.

기호	기능	사용 예		
		입력	서식 코드	표시
#	유효하지 않은 숫자는 표시하지 않습니다.	1.1	##.##	1.1
0	유효하지 않은 숫자라도 0자리를 표시합니다.	1.1	00.00	01.10
쉼표(,)	천 단위 구분 기호를 표시합니다.	1000	#,##0	1,000
@	문자의 표시 위치를 지정합니다.	홍길동	@"님"	홍길동님
y, m, d	년, 월, 일을 표시합니다.	2021–05–01	yy/mm/dd	21/05/01
h, m, s	시, 분, 초를 표시합니다.	2:00	h"시" mm"분"	2시 00분

혼자서도 만들 수 있어요!

1 [7장] 폴더에서 [유럽 여행 결산.xlsx] 파일을 열고 다음과 같이 표시 형식을 지정해 보세요.

유럽 여행 결산					
				환율	1348.87
날짜	구분	인원	현지가격(€)	원화가격(₩)	1인당 비용(₩)
2020/11/26	숙박	2	€ 50.00	₩ 67,444	₩ 33,722
2020/11/26	저녁	2	€ 15.00	₩ 20,233	₩ 10,117
2020/11/26	쇼핑	1	€ 20.00	₩ 26,977	₩ 26,977
2020/11/27	아침	2	€ 15.00	₩ 20,233	₩ 10,117
2020/11/27	저녁	2	€ 24.00	₩ 32,373	₩ 16,186
2020/11/27	교통	1	€ 2.75	₩ 3,709	₩ 3,709
2020/11/27	숙박	2	€ 60.00	₩ 80,932	₩ 40,466

- **날짜** : 범위 지정 후 마우스 오른쪽 버튼 누른 다음 [셀 서식] 클릭 → [표시 형식] 탭의 [날짜]에서 [2012/3/14] 선택 후 [확인] 클릭
- **현지가격(€)** : [홈] 탭–[표시 형식] 그룹–[회계 표시 형식]에서 [€유로(€ 123)] 클릭
- **원화가격(₩), 1인당 비용(₩)** : [홈] 탭–[표시 형식] 그룹–[표시 형식]에서 [회계] 클릭

2 [7장] 폴더에서 [체력 측정표.xlsx] 파일을 열고 다음과 같이 표시 형식을 지정해 보세요.

▣ 무료 체력 측정표 ▣			
		측정 날짜 :	20年 9月 8日
성명	윗몸일으키기	왕복달리기	악력
이재혁 회원	45개	40회	49kg
함태우 회원	43개	42회	43kg
윤재형 회원	27개	33회	47kg
김성재 회원	33개	41회	38kg
최동하 회원	37개	43회	40kg

- **측정 날짜** : '셀 서식' 대화 상자에서 [표시 형식] 탭의 [날짜] 클릭 후 [12年 3月 14日] 선택
- **성명** : '셀 서식' 대화 상자에서 [사용자 지정] 클릭 후 [형식]에 '@ "회원"' 입력
- **윗몸일으키기, 왕복달리기, 악력** : [사용자 지정]의 [형식]에 'G/표준"개"', 'G/표준"회"', 'G/표준"kg"' 각각 지정

수식과 참조를 이용하여 계산하기

POINT

수식은 엑셀의 중요한 작업 중 하나인 계산을 수행하기 위해 사용하는 것으로 셀을 참조하는 방식에 따라 결과 값이 다르게 나타납니다. 여기서는 수식과 참조에 대해 이해하고 이것을 이용하여 간단한 계산 작업을 하는 방법에 대해 알아봅니다.

완성 화면
미리 보기

	참가자명	신청 인원		참가 인원	인당 가격	금액	할인 금액	최종 체험 금액
		성인	소인					

승마 체험 참가비 내역

단체 할인 10%

참가자명	성인	소인	참가 인원	인당 가격	금액	할인 금액	최종 체험 금액
김경숙	2	1	3	15,000	45,000	4,500	40,500
박동욱	2		2	15,000	30,000	3,000	27,000
서지훈	2	2	4	15,000	60,000	6,000	54,000
송선희	2	1	3	15,000	45,000	4,500	40,500
이은숙	3	1	4	15,000	60,000	6,000	54,000
최미숙	4		4	15,000	60,000	6,000	54,000
한태상	1	1	2	15,000	30,000	3,000	27,000

여기서
배워요! 수식과 참조 이해하기, 수식과 참조를 이용하여 계산하기

STEP 1 수식 이해하기

| C2 | ▼ : | × ✓ fx | =A2*B2 |

◢	A	B	C	D
1	인원	체험 가격	체험 금액	
2	3	15,000	45,000	

- [C2] 셀을 보면 셀에 표시된 값은 '45,000'이지만 수식 입력줄에는 '=A2*B2'라는 수식이 표시됩니다. 이처럼 셀 주소와 연산자 등을 입력하여 계산의 과정을 거쳐 그 결과를 표시하는 것을 **수식**이라고 합니다.
- 엑셀에서 모든 수식은 **등호(=)로 시작**해야 합니다. 그다음 계산하는데 사용할 숫자, 셀 주소, 연산자, 함수, 괄호 등을 입력합니다.
- 셀에 수식을 입력하면 셀에는 결과 값만 보이고, 수식 입력줄에 입력한 수식이 그대로 표시됩니다. 수식은 계산할 셀을 클릭한 후 수식 입력줄에 바로 입력할 수 있습니다.

STEP 2 참조 이해하기

- 셀을 참조하여 입력한 수식을 채우기 혹은 복사할 때 이동한 만큼 참조되는 셀 주소도 변경됩니다. 이를 **상대 참조**라고 합니다.
- **절대 참조**는 수식이 있는 셀을 복사해도 셀 주소는 변하지 않습니다. 고정된 값을 계산할 때 주로 사용합니다.
- **혼합 참조**는 수식이 있는 셀을 복사할 때 행과 열 중 셀 주소가 하나만 변경됩니다.

상대 참조	절대 참조	혼합 참조
H3	$H$3	H$3, $H3

- 절대 참조는 행과 열 앞에 $ 기호가 붙은 형태로, 상대 참조(H3)로 지정된 셀 주소에서 F4를 누르면 절대 참조($H$3) → 행 고정 혼합 참조(H$3) → 열 고정 혼합 참조($H3) → 상대 참조(H3)의 순환 형태로 셀 주소가 변경됩니다.

1 ‥‥‥ [예제 파일]–[8장] 폴더에서 [참가비 내역.xlsx] 파일을 불러옵니다. '참
가 인원'을 구하기 위해 [D7] 셀을 클릭한 후 '='을 입력하고 [B7] 셀을 클
릭하면 수식에 B7이 입력됩니다. '+'를 입력하고 [C7] 셀을 클릭합니다.
'=B7+C7'이라는 수식이 입력되면 Enter↲를 누릅니다.

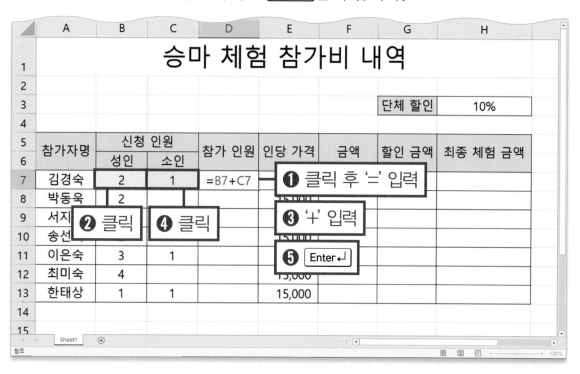

2 ‥‥‥ 결과 값이 나타납니다. 수식을 복사하기 위해 [D7] 셀의 [채우기 핸들](⊞) 위
에 마우스를 올려놓고 포인터가 [검은색 십자가](✚) 모양일 때 [D13] 셀까지
아래로 드래그합니다.

참가자명	신청 인원		참가 인원	인당 가격	금액	할인 금액	최종 체험 금액
	성인	소인					
김경숙	2	1	3	15,000			
박동욱	2			15,000			
서지훈	2	2		15,000			
송선희	2	1					
이은숙	3	1					
최미숙	4			15,000			
한태상	1	1		15,000			

단체 할인   10%

승마 체험 참가비 내역

3 ······ '금액'을 구하기 위해 [F7] 셀을 클릭한 후 '=D7*E7'을 입력하고 ⌐Enter↵⌐를 누릅니다.

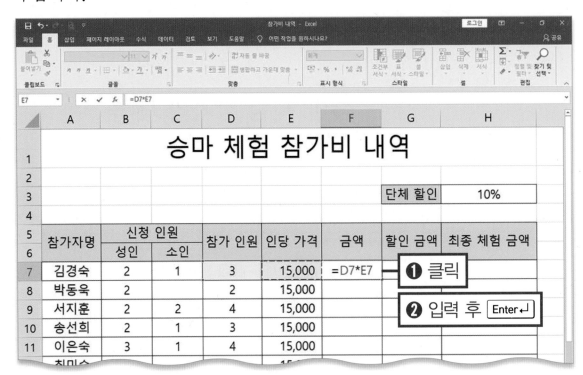

4 ······ '할인 금액'은 미리 입력되어 있는 [H3] 셀 값을 이용합니다. '할인 금액'을 구 하기 위해 [G7] 셀을 클릭한 후 '=F7*H3'을 입력합니다.

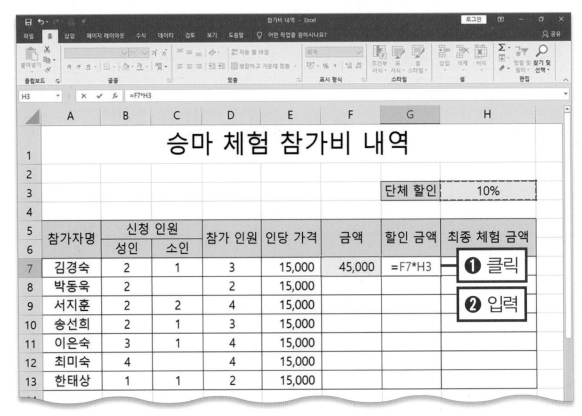

5 ····· 단체 할인은 다른 수식에도 공통으로 사용되는 값으로 [H3] 셀을 고정하기 위해 F4를 눌러 절대 참조로 바꿉니다. 수식이 '=F7*$H$3'으로 수정되면 Enter↵를 누릅니다.

	참가자명	신청 인원		참가 인원	인당 가격	금액	할인 금액	최종 체험 금액
		성인	소인					
7	김경숙	2	1	3	15,000	45,000	=F7*$H$3	❶ F4
8	박동욱	2		2	15,000			❷ 수식 확인 후 Enter↵
9	서지훈	2	2	4	15,000			
10	송선희	2	1	3	15,000			
11	이은숙	3	1	4	15,000			
12	최미숙	4		4	15,000			
13	한태상	1	1	2	15,000			

(단체 할인 10%)

조금 더 배우기   절대 참조로 바꾸지 않고 수식을 복사하면 참조되는 [H3] 셀 값이 [H4], [H5]…로 바뀌게 되어 정확한 결과 값이 나오지 않습니다.

6 ····· '최종 체험 금액'을 구하기 위해 [H7] 셀을 클릭한 후 '=F7-G7'을 입력하고 Enter↵를 누릅니다.

	참가자명	신청 인원		참가 인원	인당 가격	금액	할인 금액	최종 체험 금액
		성인	소인					
7	김경숙	2	1	3	15,000	45,000	4,500	=F7-G7
8	박동욱	2		2	15,000			
9	서지훈	2	2	4	15,000			❶ 클릭
10	송선희	2	1	3	15,000			
11	이은숙	3	1	4	15,000			❷ 입력 후 Enter↵
12	최미숙	4		4	15,000			
13	한태상	1	1	2	15,000			

(단체 할인 10%)

7 ..... 수식을 복사하기 위해 [F7:H7] 셀을 드래그하여 범위를 지정한 후 [채우기 핸들](⊞) 위에 마우스를 올려놓고 포인터가 [검은색 십자가](✚) 모양일 때 [13]행까지 아래로 드래그합니다.

8 ..... 자동으로 수식이 채워져 결과 값이 나타납니다.

혼자서도 만들 수 있어요!

1 [8장] 폴더에서 [여행 결산.xlsx] 파일을 열고 수식과 참조를 이용하여 원화가격과 1인당 비용을 계산해 보세요.

유럽 여행 결산

				환율		1348.87	
날짜	구분	인원	현지가격(€)		원화가격(₩)		1인당 비용(₩)
2020/11/26	숙박	2	€ 50.00	₩	67,444	₩	33,722
2020/11/26	저녁	2	€ 15.00	₩	20,233	₩	10,117
2020/11/26	쇼핑	1	€ 20.00	₩	26,977	₩	26,977
2020/11/27	아침	2	€ 15.00	₩	20,233	₩	10,117
2020/11/27	저녁	2	€ 24.00	₩	32,373	₩	16,186
2020/11/27	교통	1	€ 2.75	₩	3,709	₩	3,709
2020/11/27	숙박	2	€ 60.00	₩	80,932	₩	40,466

• 원화가격(₩)(E5) : `=D5*$F$2`   • 1인당 비용(₩)(F5) : `=E5/C5`

2 [8장] 폴더에서 [급여 내역.xlsx] 파일을 열고 수식과 참조를 이용하여 합계와 금액을 계산해 보세요.

아르바이트 급여 내역

주간시급	8,600				
야간시급	12,900				

성명	주간근무시간	야간근무시간	주간합계	야간합계	지급금액
김하나	140	0	1,204,000	0	1,204,000
나선경	140	30	1,204,000	387,000	1,591,000
마태수	80	80	688,000	1,032,000	1,720,000
박희경	80	60	688,000	774,000	1,462,000
송혜경	40	100	344,000	1,290,000	1,634,000

• 주간합계(D7) : `=B7*$B$3`   • 야간합계(E7) : `=C7*$B$4`   • 지급금액(F7) : `=D7+E7`

CHAPTER 09

자동 합계와 함수 마법사로 계산하기

함수란 복잡한 계산을 빠르고 편리하게 하기 위해 자주 사용하는 계산식을 만들어 두고 정해진 규칙에 따라 적용하는 수식을 말합니다. 여기서는 자동 합계와 함수 마법사를 이용하여 합계, 평균, 최댓값, 최솟값을 구하는 방법에 대해 알아봅니다.

완성 화면

미리 보기

여행 경비 사용 내역

일자	여행기간	여행지	교통비	숙박비	식비	관광	기타	합계
01월 04일	1박2일	강릉	41,400	100,000	75,000	45,500	25,000	286,900
04월 11일	당일	인천	21,000	-	23,000	30,000	15,000	89,000
05월 05일	3박4일	제주도	250,000	230,000	150,000	70,000	50,000	750,000
06월 27일	1박2일	경주	360,000	80,000	76,000	16,000	6,000	538,000
08월 22일	1박2일	울릉도	110,000	45,000	45,000	120,000	5,000	325,000
09월 19일	1박2일	강릉	71,400	180,000	200,000	85,000	32,000	568,400
10월 24일	2박3일	여수	350,000	138,000	146,000	131,600	10,000	775,600
12월 25일	2박3일	평창	66,600	382,000	213,500	52,000	235,000	949,100
평 균			158,800	144,375	116,063	68,763	47,250	535,250
최대값			360,000	382,000	213,500	131,600	235,000	949,100
최소값			21,000	-	23,000	16,000	5,000	89,000
합 계			1,270,400	1,155,000	928,500	550,100	378,000	4,282,000

여기서 배워요!

함수의 형식, 자동 합계 사용하기, 함수 마법사 사용하기

STEP 1 함수의 형식

함수는 일반 수식처럼 등호(=)로 시작하고 함수 이름과 인수로 나누어집니다.

$$=\underbrace{SUM}_{①}\underbrace{(D4:G4)}_{②}$$

① **함수 이름** : 추출할 조건에 따라 함수 이름이 달라지고 함수 이름 뒤에는 반드시 괄호()가 입력되어야 합니다.

② **인수** : 함수의 종류에 따라 인수의 형태와 개수가 달라지고 인수가 여러 개일 경우 쉼표(,)로 구분합니다. 참고로, 함수를 입력하는 방법에는 직접 입력하는 방법, 자동 합계를 이용하는 방법, 함수 마법사를 이용하는 방법 등이 있습니다.

STEP 2 자동 합계 사용하기

1 …… [예제 파일]-[9장] 폴더에서 [여행 경비.xlsx] 파일을 불러옵니다. 합계를 구하기 위해 [I4] 셀을 클릭합니다. [수식] 탭을 클릭한 후 [함수 라이브러리] 그룹에서 [자동 합계]-[합계]를 차례대로 클릭합니다.

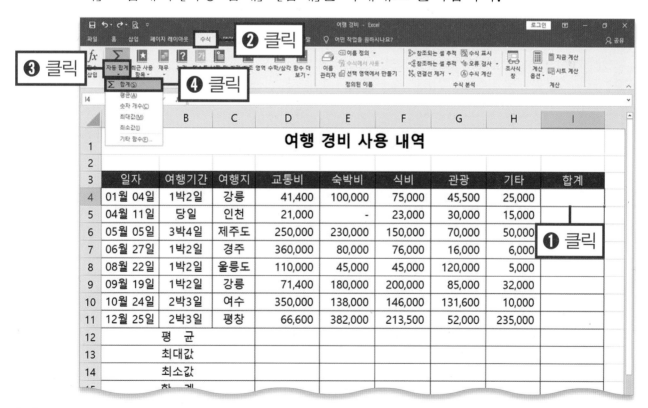

일자	여행기간	여행지	교통비	숙박비	식비	관광	기타	합계
01월 04일	1박2일	강릉	41,400	100,000	75,000	45,500	25,000	
04월 11일	당일	인천	21,000	-	23,000	30,000	15,000	
05월 05일	3박4일	제주도	250,000	230,000	150,000	70,000	50,000	
06월 27일	1박2일	경주	360,000	80,000	76,000	16,000	6,000	
08월 22일	1박2일	울릉도	110,000	45,000	45,000	120,000	5,000	
09월 19일	1박2일	강릉	71,400	180,000	200,000	85,000	32,000	
10월 24일	2박3일	여수	350,000	138,000	146,000	131,600	10,000	
12월 25일	2박3일	평창	66,600	382,000	213,500	52,000	235,000	
평 균								
최대값								
최소값								

[홈] 탭-[편집] 그룹에서 [자동 합계]를 클릭해도 됩니다.

2 ····· SUM 함수가 표시되고 자동으로 선택 영역이 지정되면 Enter↵를 누릅니다.

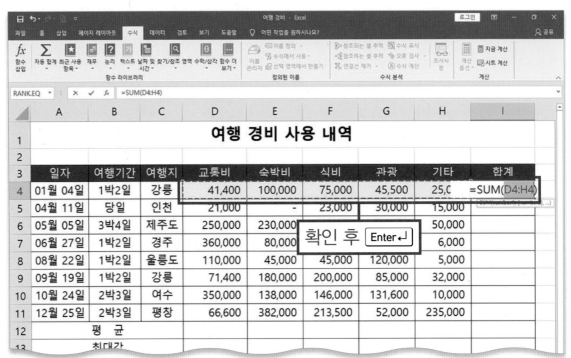

자동 합계의 인수에는 현재 셀의 왼쪽과 위쪽에 위치한 인접한 셀들의 범위를 자동적으로 선택하여 표시합니다.

3 ····· 수식을 복사하기 위해 [I4] 셀의 [채우기 핸들]을 [I11] 셀까지 드래그합니다.

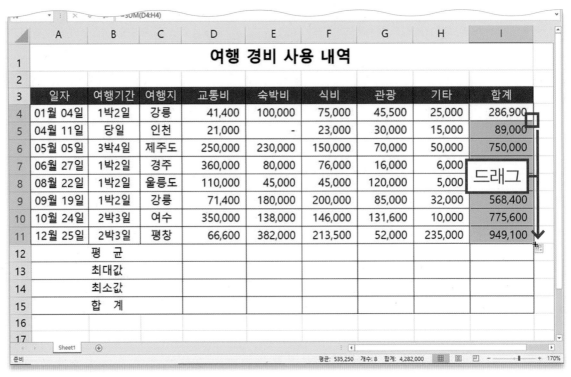

4 평균을 구하기 위해 [D12] 셀을 클릭한 후 [함수 라이브러리] 그룹에서 [자동 합계]를 클릭한 다음 [평균]을 선택합니다. AVERAGE 함수가 표시되고 자동으로 선택 영역이 지정되면 Enter↵를 누릅니다.

5 최댓값을 구하기 위해 [D13] 셀을 클릭한 후 [함수 라이브러리] 그룹에서 [자동 합계]를 클릭한 다음 [최대값]을 선택합니다.

6 ..... MAX 함수가 표시되면 [D4:D11] 셀을 드래그하여 값을 구할 범위를 수정한 후 Enter↵를 누릅니다.

7 ..... 최솟값을 구하기 위해 [D14] 셀을 클릭한 후 [함수 라이브러리] 그룹에서 [자동 합계]-[최소값]을 차례대로 클릭합니다. MIN 함수가 표시되면 [D4:D11] 셀을 드래그하여 값을 구할 범위를 수정한 후 Enter↵를 누릅니다.

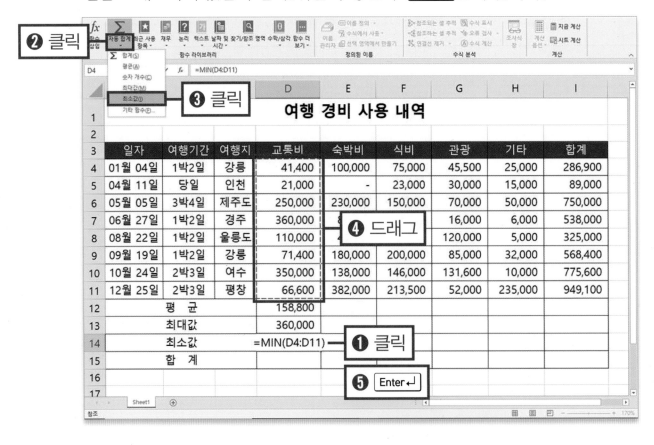

함수 마법사 사용하기

1 ..... 함수 마법사를 이용하여 합계를 구하기 위해 [D15] 셀을 클릭한 후 [함수 라이브러리] 그룹에서 [함수 삽입]을 클릭합니다.

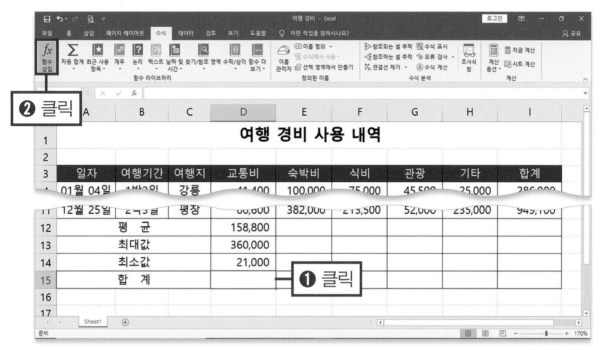

수식 입력줄 옆에 있는 [함수 삽입](f_x)을 클릭해도 함수 마법사 대화 상자를 나타낼 수 있습니다.

2 ..... '함수 마법사' 대화 상자가 나타나면 '범주 선택'에서 [수학/삼각]을 선택한 후 '함수 선택'에서 [SUM]을 클릭하고 [확인] 버튼을 클릭합니다.

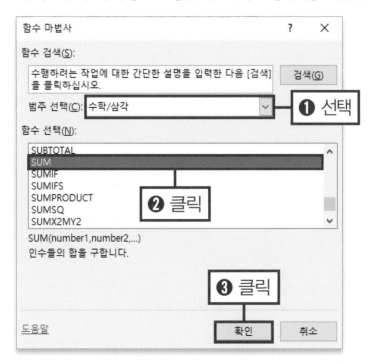

3 ····· '함수 인수' 대화 상자가 나타나면 'Number1'에 [D4:D11]을 드래그하여 입력하고 [확인] 버튼을 클릭합니다.

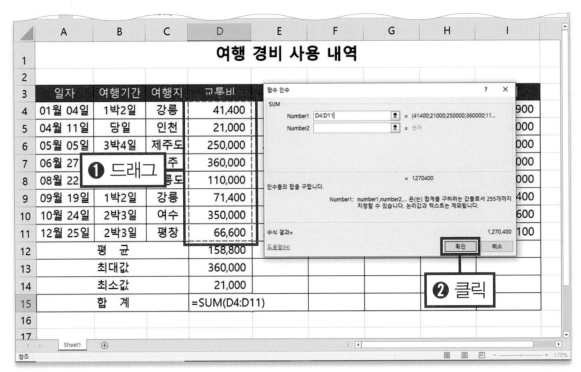

4 ····· 수식을 복사하기 위해 [D12:D15] 셀을 범위로 지정한 후 [채우기 핸들]을 [I]열까지 드래그합니다.

			여행 경비 사용 내역					
일자	여행기간	여행지	교통비	숙박비	식비	관광	기타	합계
01월 04일	1박2일	강릉	41,400	100,000	75,000	45,500	25,000	286,900
04월 11일	당일	인천	21,000	-	23,000	30,000	15,000	89,000
05월 05일	3박4일	제주도	250,000	230,000	150,000	70,000	50,000	750,000
06월 27일	1박2일	경주	360,000	80,000	76,000	16,000	6,000	538,000
08월 22일	1박2일	울릉도	110,000	45,000	45,000	120,000	5,000	325,000
09월 19일	1박2일	강릉	71,400	180,000	200,000	85,000	32,000	568,400
10월 24일	2박3일	여수	350,000	138,000	146,000	131,600	10,000	775,600
12월 25일	2박3일	평창	66,600	382,000	213,500	52,000	235,000	949,100
평 균			158,800	144,375	116,063	68,763	47,250	535,250
최대값			360,000		00	131,600	235,000	949,100
최소값			21,000		00	16,000	5,000	89,000
합 계			1,270,400	1,155,000	928,500	550,100	378,000	4,282,000

❶ 드래그

❷ 드래그

혼자서도 만들 수 있어요!

1 [9장] 폴더에서 [연간 판매 실적.xlsx] 파일을 열고 다음과 같이 자동 합계를 이용하여 계산해 보세요.

지점별 연간 판매 실적

지점	분기				총 판매량	평균 판매량
	1사분기	2사분기	3사분기	4사분기		
대구지점	698	723	853	951	3,225	806
인천지점	712	683	753	698	2,846	712
부산지점	846	839	887	891	3,463	866
광주지점	617	769	811	745	2,942	736
울산지점	559	681	782	755	2,777	694
대전지점	713	764	716	737	2,930	733
최대 판매량	846	839	887	951		
최소 판매량	559	681	716	698		

HINT
- 총 판매량(F5) : '=SUM(B5:E5)'
- 평균 판매량(G5) : '=AVERAGE(B5:E5)'
- 최대 판매량(B11) : '=MAX(B5:B10)'
- 최소 판매량(B12) : '=MIN(B5:B10)'

2 [9장] 폴더에서 [역대 관중 현황.xlsx] 파일을 열고 다음과 같이 자동 합계를 이용하여 계산해 보세요.

◎ 프로 야구 역대 관중 현황 ◎

연도	삼성	KIA	롯데	LG	두산	SK	계
2019년	691,681	692,163	679,208	1,000,400	983,474	982,962	5,029,888
2018년	752,310	861,729	901,634	1,108,677	1,112,066	1,037,211	5,773,627
2017년	704,857	1,024,830	1,038,492	1,134,846	1,094,829	892,541	5,890,395
2016년	851,417	773,499	852,639	1,157,646	1,165,020	865,194	5,665,415
2015년	524,971	710,141	800,962	1,053,405	1,120,381	814,349	5,024,209
계	3,525,236	4,062,362	4,272,935	5,454,974	5,475,770	4,592,257	
평균 관중	705,047	812,472	854,587	1,090,995	1,095,154	918,451	
최대 관중	851,417	1,024,830	1,038,492	1,157,646	1,165,020	1,037,211	
최저 관중	524,971	692,163	679,208	1,000,400	983,474	814,349	

HINT
- 계(H4) : '=SUM(B4:G4)'
- 계(B9) : '=SUM(B4:B8)'
- 평균 관중(B10) : '=AVERAGE(B4:B8)'
- 최대 관중(B11) : '=MAX(B4:B8)'
- 최저 관중(B12) : '=MIN(B4:B8)'

CHAPTER 10
함수를 이용하여 회비 내역 작성하기

자주 사용되는 계산식이나 논리식을 미리 만들어 두어 사용자가 편리하게 사용할 수 있도록 한 함수는 종류가 다양한 만큼 함수에 따른 사용 형식도 다릅니다. 여기서는 함수를 입력하는 여러 가지 방법을 통해 자주 사용하는 함수의 사용법을 알아봅니다.

완성 화면
미리 보기

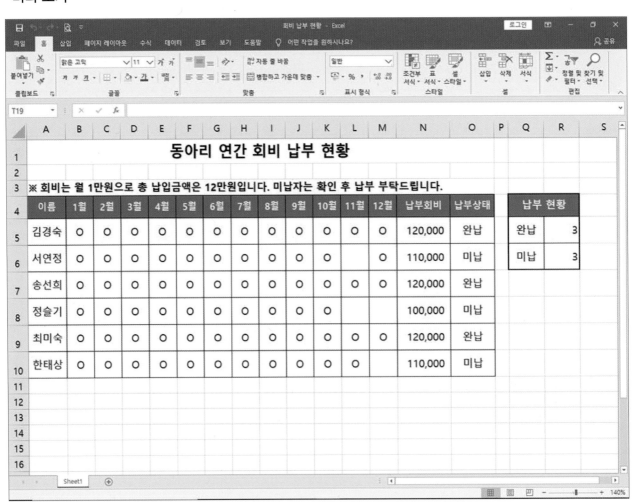

여기서 배워요!
함수 마법사로 COUNTA 함수 입력, 함수 라이브러리로 IF 함수 입력, COUNTIF 함수 직접 입력

STEP 1 · 함수 마법사로 COUNTA 함수 입력하기

1 ····· [예제 파일]–[10장] 폴더에서 [회비 납부 현황.xlsx] 파일을 불러옵니다. 'O'
가 입력된 셀 개수를 구하기 위해 [N5] 셀을 클릭합니다. [수식] 탭을 클릭
한 후 [함수 라이브러리] 그룹에서 [함수 삽입]을 클릭합니다.

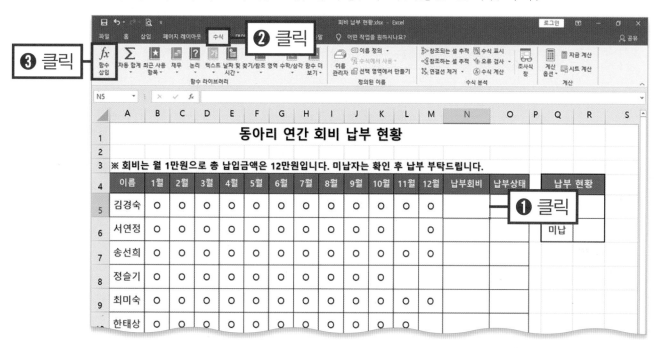

2 ····· '함수 마법사' 대화 상자가 나타나면 '범주 선택'에서 [통계]를 선택하고 '함
수 선택'에서 [COUNTA]를 클릭한 다음 [확인] 버튼을 클릭합니다.

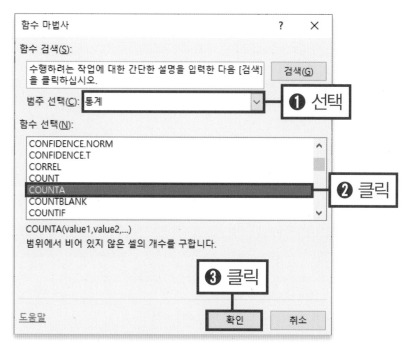

 사용할 함수의 범주를 알지 못할 때는 '범주 선택'에서 [모두]를 클릭한 다음 함수를 선택하면 됩니다.

3 '함수 인수' 대화 상자가 나타나면 'Value1'의 입력란에 [B5:M5] 셀까지 범위를 드래그하여 지정하고 [확인] 버튼을 클릭합니다. 'O' 표시가 입력되어 있는 셀의 개수가 표시됩니다.

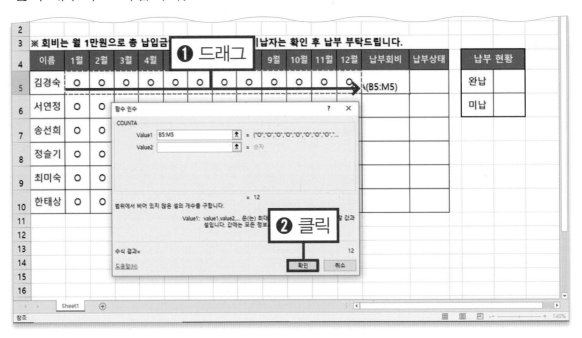

 COUNTA(값1, [값2]…) : 값 목록에서 비어 있지 않은 셀의 개수를 구합니다.

4 납부회비를 구하기 위해 수식 입력줄에 입력되어 있는 '=COUNTA(B5:M5)' 뒤 부분을 클릭한 후 '*10000'을 입력한 다음 Enter↵를 누릅니다.

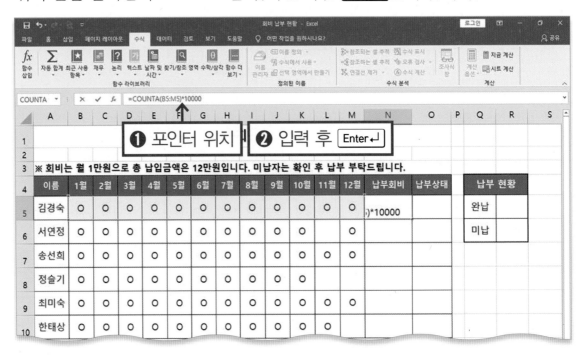

5 ..... [N5] 셀에 수식 결과로 '120,000'이 표시됩니다. 수식을 복사하기 위해 [N5] 셀의 [채우기 핸들]을 [N10] 셀까지 아래로 드래그합니다.

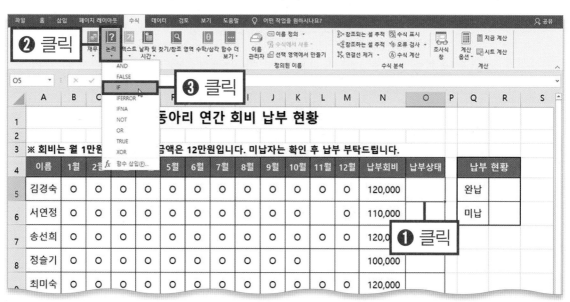

STEP 2   **함수 라이브러리로 IF 함수 입력하기**

1 ..... 납부회비가 120,000원보다 적으면 '미납'으로 표시하고, 그렇지 않으면 '완납'으로 표시하기 위해 [O5] 셀을 클릭합니다. [함수 라이브러리] 그룹에서 [논리]를 클릭한 다음 [IF]를 클릭합니다.

조금 더 배우기   **IF(논리식, [참일 때 값], [거짓일 때 값])** : 주어진 논리식을 검사하여 만족하면 참일 때 값을, 그렇지 않을 경우에는 거짓일 때 값을 반환합니다.

2 ..... '함수 인수' 대화 상자가 나타나면 [Logical_test]에 'N5<120000'을 입력하고 [Value_if_true]에 '"미납"', [Value_if_false]에는 '"완납"'을 입력한 후 [확인] 버튼을 클릭합니다.

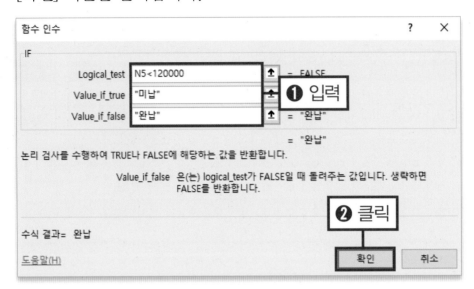

3 ..... [O5] 셀에 수식 결과로 '완납'이 표시됩니다. 수식을 복사하기 위해 [O5] 셀의 [채우기 핸들]을 [O10] 셀까지 아래로 드래그합니다.

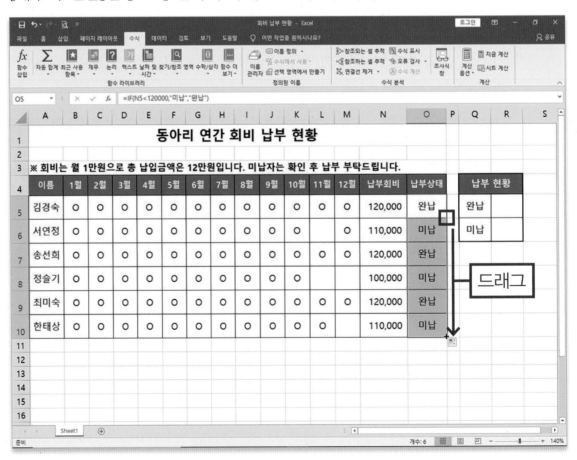

1 함수를 직접 입력하여 납부 현황을 구하기 위해 [R5] 셀을 클릭한 후 '=cou'를 입력합니다. 'COU'로 시작하는 함수들이 표시되면 [COUNTIF]를 더블 클릭한 후 수식 입력줄의 [함수 입력](fx)을 클릭합니다.

COUNTIF(범위, 조건) : 지정한 범위에서 조건에 맞는 셀의 개수를 구합니다.

2 '함수 인수' 대화 상자가 나타나면 'Range'의 입력란에 [O5:O10] 셀까지 범위를 드래그하여 지정하고 F4를 눌러 절대 참조로 변환합니다. 범위가 '$O$5:$O$10'으로 변경됩니다. 'Criteria'의 입력란을 클릭한 후 [Q5] 셀을 클릭하고 [확인] 버튼을 클릭합니다.

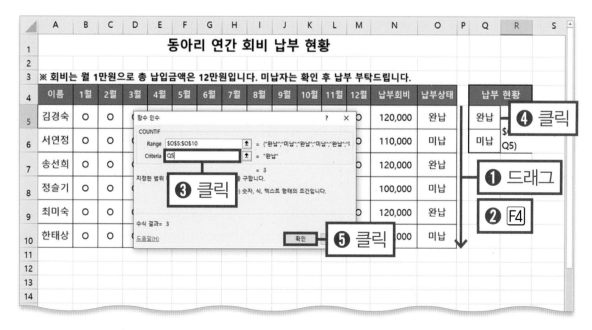

3 ····· 수식을 복사하기 위해 [R5]의 [채우기 핸들]을 [R6] 셀까지 아래로 한 칸 드래 그합니다. 서식은 복사되지 않도록 하기 위해 [자동 채우기 옵션](📋)을 클릭 하여 [서식 없이 채우기]를 선택합니다. '완납'과 '미납'에 해당하는 인원이 표 시됩니다.

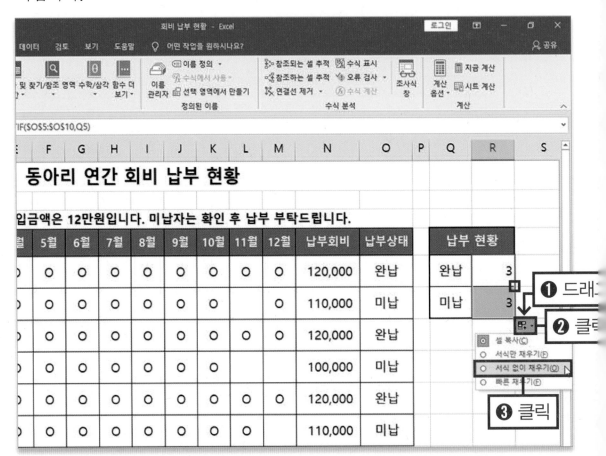

조금 더 배우기

자동 채우기 옵션의 [서식만 채우기]와 [서식 없이 채우기]

[서식만 채우기]를 클릭한 모습	[서식 없이 채우기]를 클릭한 모습
납부 현황 완납 3 미납	**납부 현황** 완납 3 미납 3
[서식만 채우기]는 셀에 지정된 테두리, 배경색 등의 서식만 복사되고 셀에 입력된 값이나 수식 자체는 복사되지 않습니다.	[서식 없이 채우기]는 셀에 지정된 테두리, 배경색 등의 서식은 복사되지 않고 셀에 입력된 값이나 수식만 복사됩니다.

혼자서도 만들 수 있어요!

1 [10장] 폴더에서 [필기 시험 결과.xlsx] 파일을 열고 '비고', '응시인원', '성적별 인원'을 구해 보세요.

※ '비고'는 점수가 80점 이상이면 '합격'으로 표시하고 아니면 빈칸으로 표시합니다.

신입 사원 필기시험 결과

이름	점수	등급	비고		응시인원	10
강현민	100	A	합격			
권수희	85	B	합격		성적별 인원	
김준석	95	A	합격		A	3
김희영	70	D			B	3
박가희	85	B	합격		C	2
송우석	79	C			D	1
양호현	86	B	합격		E	0
이진희	96	A	합격		F	1
정익재	57	F				
한재민	80	C	합격			

HINT
- 비고(E4) : '=IF(C4>=80,"합격","")' • 응시인원(H3) : '=COUNTA(B4:B13)'
- 성적별 인원(H6) : '=COUNTIF($D$4:$D$13,G6)'

2 [10장] 폴더에서 [체험 명단 현황.xlsx] 파일을 열고 '체험비', '입금 인원', '체험 인원'을 구해 보세요.

※ '체험비'는 감귤체험은 20,000원으로 표시하고 아니면 10,000원으로 표시합니다.

체험 참여 명단 현황

연번	성명	입금 여부	체험 종류	체험비		입금 인원	8
1	강중현	O	감귤체험	20,000			
2	강희진	O	감귤체험	20,000		체험 인원	
3	김은지	O	먹이체험	10,000		감귤체험	6
4	민현진	O	먹이체험	10,000		먹이체험	4
5	박태민	O	감귤체험	20,000			
6	송창석		먹이체험	10,000			
7	이다솜	O	감귤체험	20,000			
8	이현재	O	감귤체험	20,000			
9	전수연	O	먹이체험	10,000			
10	최이현		감귤체험	20,000			

HINT
- 체험비(F4) : '=IF(E4="감귤체험",20000,10000)' • 입금 인원(I4) : '=COUNTA(D4:D13)'
- 감귤체험(I7) : '=COUNTIF($E$4:$E$13,H7)' • 먹이체험(I8) : '=COUNTIF($E$4:$E$13,H8)'

조건부 서식으로 데이터 시각화하기

POINT

조건부 서식은 사용자가 지정한 조건을 만족하는 경우에만 셀에 서식이 지정되는 것으로, 특정 조건에 해당하는 셀을 시각적으로 강조하여 원하는 데이터를 빠르게 확인할 수 있습니다. 여기서는 조건부 서식을 지정하고 삭제하는 방법에 대해 알아봅니다.

완성 화면

미리 보기

동아리 연간 회비 납부 현황

※ 회비는 월 1만원으로 총 납입금액은 12만원입니다. 미납자는 확인 후 납부 부탁드립니다.

이름	1월	2월	3월	4월	5월	6월	7월	8월	9월	10월	11월	12월	납부회비	납부상태
김경숙	O	O	O	O	O	O	O	O	O	O	O	O	120,000	완납
서연정	O	O	O	O	O	O	O	O	O	O		O	110,000	미납
송선희	O	O	O	O	O	O	O	O	O	O	O	O	120,000	완납
정슬기	O	O	O	O	O	O	O	O	O	O			100,000	미납
최미숙	O	O	O	O	O	O	O	O	O	O	O	O	120,000	완납
한태상	O	O	O	O	O	O	O	O	O	O			110,000	미납

여기서

배워요! 조건부 서식 지정, 조건부 서식 규칙 삭제

조건부 서식 지정하기

1 ..... [예제 파일]−[11장] 폴더에서 [납부 현황.xlsx] 파일을 불러옵니다. [N5:N10] 셀을 드래그하여 범위를 지정합니다. [홈] 탭−[스타일] 그룹에서 [조건부 서식] 을 클릭한 다음 [데이터 막대]−[파랑 데이터 막대]를 차례대로 클릭합니다.

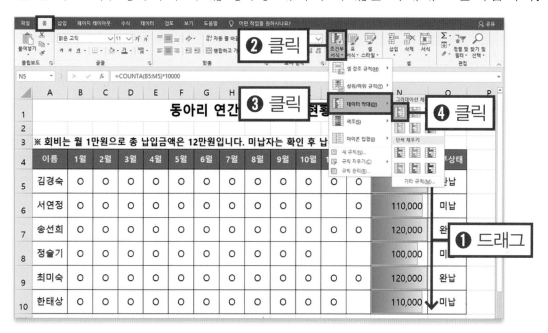

 데이터 막대는 범위 내의 셀 값을 비교하여 상대적인 크기를 막대 길이로 표시합니다.

2 ..... 범위가 선택된 상태에서 다시 [조건부 서식]을 클릭한 다음 [아이콘 집합]−[평점 5]를 차례대로 클릭합니다.

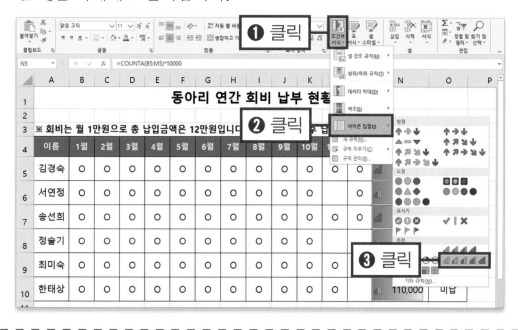

 아이콘 집합은 범위 내 셀의 값을 정해진 규칙에 따라 아이콘을 사용하여 표시합니다.

3 ‘미납’ 단어가 있는 셀을 강조하기 위해 [O5:O10] 셀을 드래그하여 범위를 지정합니다. [스타일] 그룹에서 [조건부 서식]을 클릭한 다음 [셀 강조 규칙]–[같음]을 차례대로 클릭합니다.

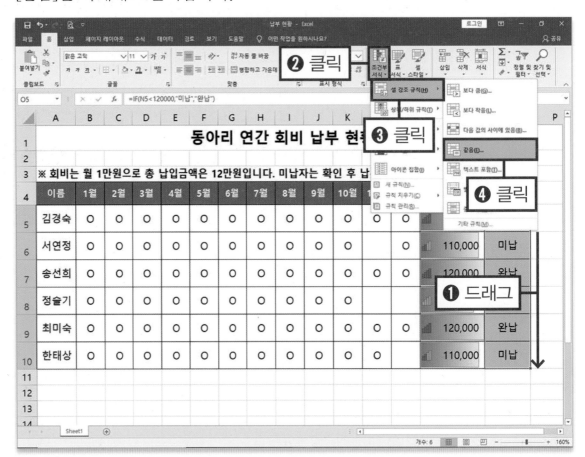

 셀 강조 규칙은 범위에서 보다 큼, 보다 작음 등 비교 연산자를 기준으로 조건에 만족하는 셀에 지정한 서식을 표시합니다.

4 ‘같음’ 대화 상자가 나타나면 ‘다음 값과 같은 셀의 서식 지정’의 입력란에 ‘미납’을 입력하고 ‘적용할 서식’에서 [연한 빨강 채우기]를 선택한 다음 [확인] 버튼을 클릭합니다.

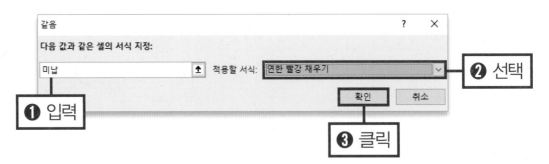

5 ····· 빈 셀을 찾아 강조하기 위해 [B5:M10] 셀을 드래그하여 범위를 지정한 후 [조건부 서식]-[새 규칙]을 차례대로 클릭합니다.

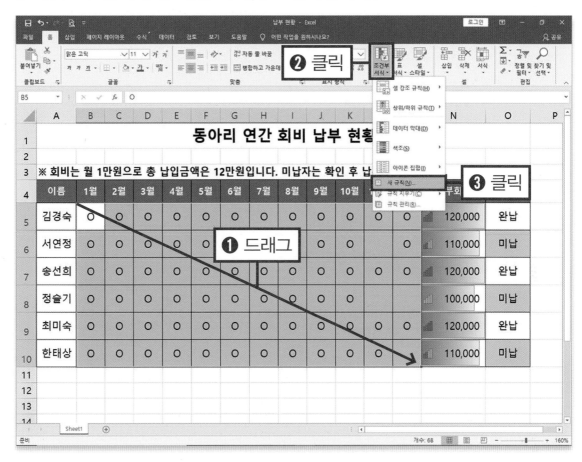

6 ····· '새 서식 규칙' 대화 상자가 나타나면 '규칙 유형 선택'에서 [다음을 포함하는 셀만 서식 지정]을 클릭합니다. '규칙 설명 편집'에서 '셀 값'의 [목록 단추](∨) 를 클릭한 후 [빈 셀]을 선택한 다음 [서식] 버튼을 클릭합니다.

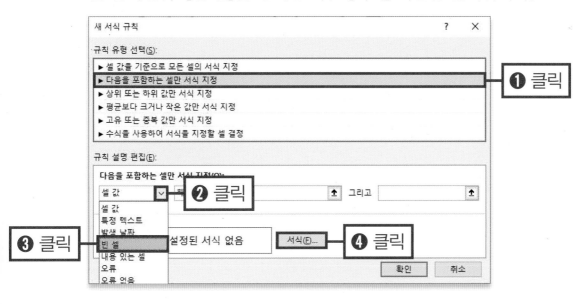

7 ······ '셀 서식' 대화 상자가 나타나면 [채우기] 탭을 클릭하고 '배경색'에서 [주황]을 선택한 후 [확인] 버튼을 클릭합니다. 이후 나타나는 '새 서식 규칙' 대화 상자에서 [확인] 버튼을 클릭합니다.

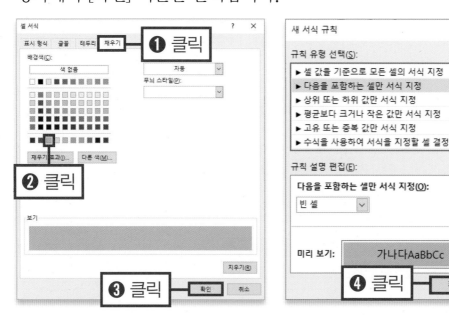

8 ······ 선택한 범위 중에서 빈 셀에 채우기 색이 지정된 것을 확인할 수 있습니다.

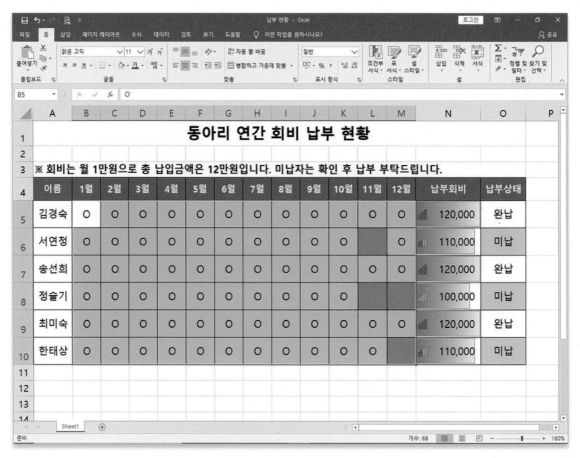

조건부 서식 규칙 삭제하기

1 ····· [스타일] 그룹에서 [조건부 서식]을 클릭한 다음 [규칙 관리]를 클릭합니다.

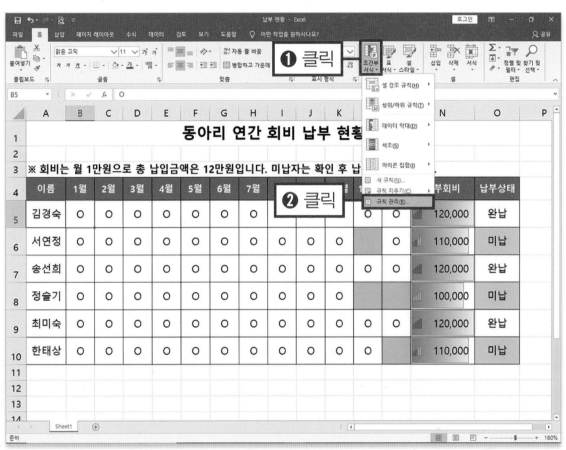

2 ····· '조건부 서식 규칙 관리자' 대화 상자가 나타나면 '서식 규칙 표시'에서 [현재 워크시트]를 선택합니다. 지정한 조건부 서식의 목록이 표시되면 [아이콘 집합]을 선택하고 [규칙 삭제]–[확인] 버튼을 차례대로 클릭합니다. 선택한 규칙이 삭제됩니다.

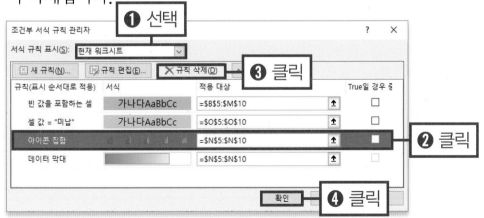

 워크시트의 모든 조건부 서식을 삭제할 때에는 [홈] 탭–[스타일] 그룹–[조건부 서식]을 클릭하고 [규칙 지우기]–[시트 전체에서 규칙 지우기]를 클릭합니다.

혼자서도 만들 수 있어요!

1 [11장] 폴더에서 [모집 현황.xlsx] 파일을 열고 다음의 조건대로 조건부 서식을 지정해 보세요.
※ 신청인원[G4:G9]에서 상위 3개 항목에 [진한 노랑 텍스트가 있는 노랑 채우기]를 지정
※ 개강여부[H4:H9]가 '폐강'인 경우 [진한 빨강 텍스트가 있는 연한 빨강 채우기]를 지정

평생교육대학 가을학기 모집 현황

프로그램명	강좌 시작일	강좌시간/요일	수강료	모집인원	신청인원	개강여부
오카리나	9월 4일	18:00~18:50/금	90,000	10	3	폐강
다이어트댄스	9월 5일	11:30~12:20/토	90,000	25	25	개강
냅킨공예	9월 7일	16:00~16:50/월	60,000	10	2	폐강
수지침	9월 1일	10:00~11:50/화	60,000	10	6	개강
서예	9월 2일	10:00~11:50/수	45,000	15	13	개강
생활퀼트	9월 3일	10:00~11:50/목	60,000	15	11	개강

HINT
- **신청인원[G4:G9]** : [홈] 탭–[스타일] 그룹–[조건부 서식]–[상위/하위 규칙]–[상위 10개 항목] 클릭
- **개강여부[H4:H9]** : [홈] 탭–[스타일] 그룹–[조건부 서식]–[셀 강조 규칙]–[같음] 클릭

2 [11장] 폴더에서 [출석부.xlsx] 파일을 열고 다음의 조건대로 조건부 서식을 지정해 보세요.
※ 결석[L5:L10]에 [녹색–노랑–빨강 색조] 지정
※ 출석률[M5:M10]이 80%보다 큰 값에 [진한 빨강 텍스트가 있는 연한 빨강 채우기] 지정

수지침 화요반 출석부

번호	이름	1 09/01	2 09/08	3 09/15	4 09/22	5 09/29	6 10/06	7 10/13	8 10/20	결석	출석률
1	양진숙	O	O	O	O	O	O	O	O	0	100%
2	현영미	O	X	O	X	O	O	O	X	3	63%
3	강정희	O	O	O	X	O	O	O	O	1	88%
4	김수정	O	O	O	O	O	O	O	X	1	88%
5	이원종	O	O	O	O	O	O	O	O	0	100%
6	박영재	O	X	O	O	O	O	O	X	2	75%

HINT
- **결석[L5:L10]** : [홈] 탭–[스타일] 그룹–[조건부 서식]–[색조] 클릭
- **출석률[M5:M10]** : [홈] 탭–[스타일] 그룹–[조건부 서식]–[셀 강조 규칙]–[보다 큼] 클릭

데이터 유효성 검사로 여행 경비 작성하기

데이터 유효성 검사는 입력할 데이터의 목록, 숫자, 날짜 등을 미리 지정하여 셀에 유효한 데이터만 입력되도록 제한하는 기능으로, 오류를 최소화하고 정확도를 향상시킵니다. 여기서는 데이터 유효성 검사를 지정하고 입력이 잘못된 데이터를 찾는 방법을 알아봅니다.

완성 화면
미리 보기

날짜	구분	내용	결제	금액		구분	항목별 합계	항목별 순위
2020-06-27	교통	KTX	현금	98,600		교통		
2020-06-27	교통	차량 렌트	카드	112,800		숙박		
2020-06-27	숙박	펜션	카드	80,000		식비		
2020-06-27	기타	세면도구	카드	6,000		관광		
2020-06-27	식비	한우	카드	50,000		기타		
2020-06-27	관광	안압지	현금	6,000				
2020-06-28	식비	비빔밥	현금	26,000				
2020-06-28	관광	불국사	현금	10,000				
2020-06-28	교통	주유	카드	50,000				
2020-06-28	교통	KTX	카드	98,600				
		총합계						

◎ 경주 여행 경비 내역 ◎

여기서
배워요!
데이터 유효성 검사 지정, 오류 메시지 입력, 잘못된 데이터 표시

1 ..... [예제 파일]-[12장] 폴더에서 [경비 내역.xlsx] 파일을 불러옵니다. 날짜의 입력을 6월 이내로 제한하기 위해 [A4:A13] 셀을 드래그하여 범위를 지정합니다. [데이터] 탭을 클릭한 후 [데이터 도구] 그룹에서 [데이터 유효성 검사]-[데이터 유효성 검사]를 차례대로 클릭합니다.

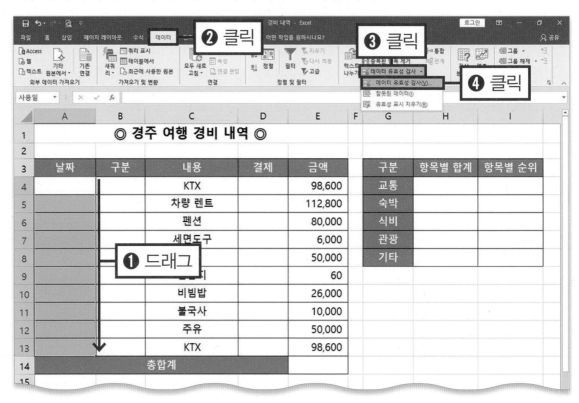

2 ..... '데이터 유효성' 대화 상자가 나타나면 [설정] 탭의 '제한 대상'에서 [날짜]를 선택합니다. '시작 날짜'의 입력란에 '2020-06-01'을 입력하고 '끝 날짜'의 입력란에 '2020-06-30'을 입력한 다음 [확인] 버튼을 클릭합니다.

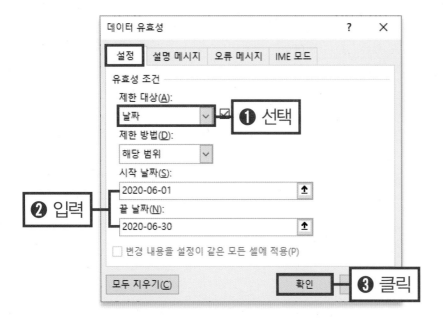

3 [A4:A12] 셀에 다음과 같이 '날짜' 데이터를 입력합니다. [A13] 셀에 6월 이외의 날짜인 '20-07-01'을 입력하면 오류 메시지가 나타나고 입력이 제한됩니다. [다시 시도]를 클릭하면 다시 입력할 수 있는 상태가 됩니다. '20-06-28'을 입력하고 [Enter↵]를 누릅니다.

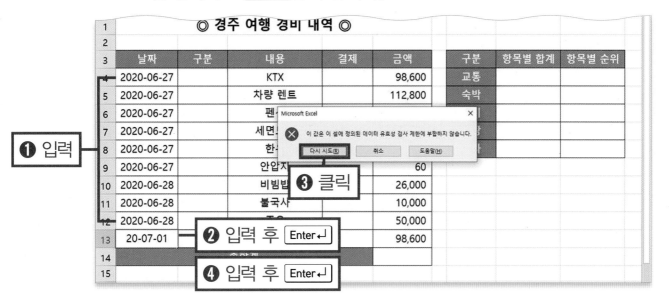

4 [B4:B13] 셀을 드래그하여 범위를 지정한 후 [데이터 유효성 검사]-[데이터 유효성 검사]를 차례대로 클릭합니다. '데이터 유효성' 대화 상자가 나타나면 [설정] 탭의 '제한 대상'에서 [목록]을 선택합니다. '원본' 입력란을 클릭하고 [G4:G8] 셀을 드래그하여 범위를 지정한 다음 [확인] 버튼을 클릭합니다.

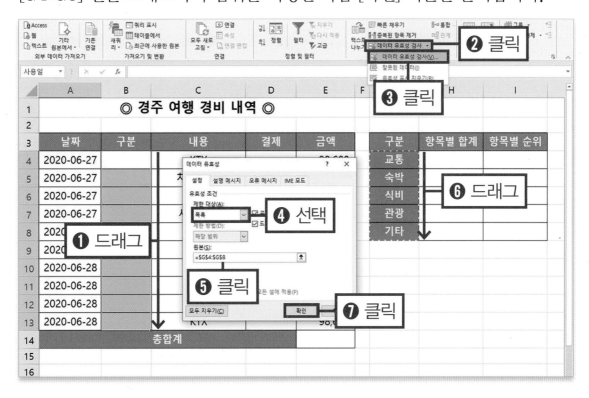

5 [구분] 열의 임의의 셀을 선택하면 [목록 단추](▼)가 표시됩니다. 이 단추를 클릭하면 지정한 목록이 펼쳐지고 목록 내의 값을 선택할 수 있습니다. 다음과 같이 [B4:B13] 셀에 목록 단추를 이용하여 '구분' 데이터를 입력합니다.

	날짜	구분	내용	결제	금액		구분	항목별 합계	항목별 순위
3	날짜	구분	내용	결제	금액		구분	항목별 합계	항목별 순위
4	2020-06-27	교통	KTX		98,600		교통		
5	2020-06-27	교통	차량 렌트		112,800		숙박		
6	2020-06-27	숙박	펜션		80,000		식비		
7	2020-06-27	기타	세면도구		6,000		관광		
8	2020-06-27	식비	입력		50,000		기타		
9	2020-06-27	관광			60				
10	2020-06-28	식비	비빔밥		26,000				
11	2020-06-28	관광	불국사		10,000				
12	2020-06-28	교통	주유		50,000				
13	2020-06-28	교통	KTX		98,600				
14		교통	합계						
15		숙박							
16		식비							
		관광							
17		기타							

STEP 2 오류 메시지 입력하기

---

1 [D4:D13] 셀을 드래그하여 범위를 지정한 후 [데이터 도구] 그룹에서 [데이터 유효성 검사]-[데이터 유효성 검사]를 차례대로 클릭합니다.

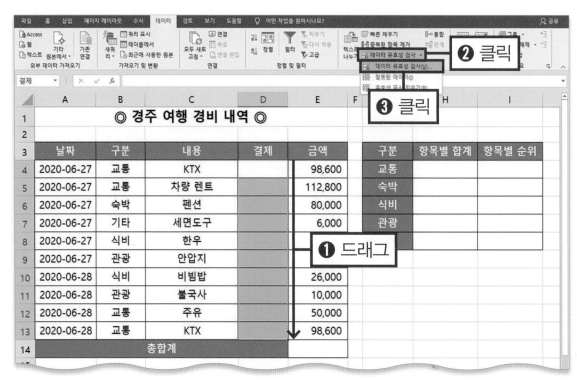

2 '데이터 유효성' 대화 상자가 나타나면 [설정] 탭의 '제한 대상'에서 [목록]을 선택한 후 '원본' 입력란에 '카드,현금'을 입력한 다음 [오류 메시지] 탭을 클릭합니다. '제목' 입력란에 '입력방법', '오류 메시지'에는 '목록에서 선택하세요.'를 입력한 다음 [확인] 버튼을 클릭합니다.

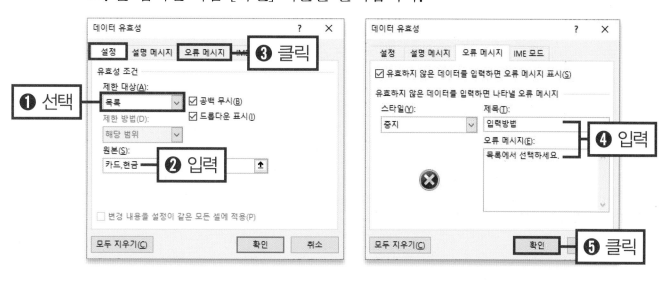

3 [D4] 셀을 클릭한 후 '신용카드'를 입력하고 Enter↵를 누르면 잘못된 데이터로 판단되어 오류 메시지가 표시됩니다. [취소] 버튼을 클릭하여 [D4] 셀에 입력된 데이터를 삭제합니다.

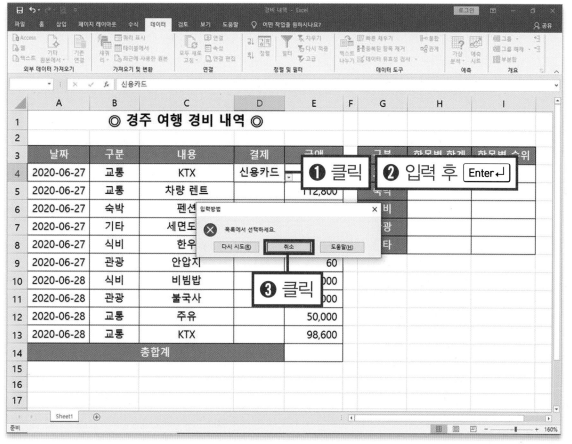

4 [D4:D13] 셀에 [목록 단추](▼)를 이용하여 '결제' 데이터를 입력합니다.

	A	B	C	D	E	F	G	H	I
1	◎ 경주 여행 경비 내역 ◎								
2									
3	날짜	구분	내용	결제	금액		구분	항목별 합계	항목별 순위
4	2020-06-27	교통	KTX	현금	98,600		교통		
5	2020-06-27	교통	차량 렌트	카드	112,800		숙박		
6	2020-06-27	숙박	펜션	카드	80,000		식비		
7	2020-06-27	기타	세면도구	카드	6,000		관광		
8	2020-06-27	식비	한우	카드			기타		
9	2020-06-27	관광	안압지	현금					
10	2020-06-28	식비	비빔밥	현금	26,000				
11	2020-06-28	관광	불국사	현금	10,000				
12	2020-06-28	교통	주유	카드	50,000				
13	2020-06-28	교통	KTX	카드	98,600				
14			총합계	카드					
15				현금					

입력

STEP 3 잘못된 데이터 표시하기

1 [E4:E13] 셀을 드래그해 범위를 지정한 후 [데이터 도구] 그룹에서 [데이터 유효성 검사]–[데이터 유효성 검사]를 차례대로 클릭합니다. '데이터 유효성' 대화 상자에서 [설정] 탭을 클릭하고 '제한 대상'은 [텍스트 길이], '제한 방법'은 [해당 범위], '최소값'은 '3', '최대값'은 '6'을 입력한 다음 [확인] 버튼을 클릭합니다.

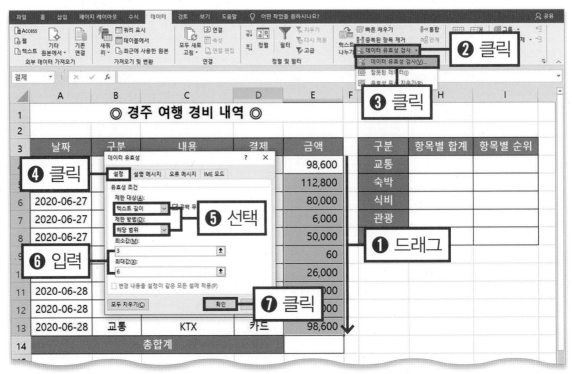

2 이미 입력되어 있는 셀에는 잘못 입력된 데이터가 표시되지 않습니다. [E4:E13] 셀의 범위가 선택된 상태에서 [데이터 유효성 검사]-[잘못된 데이터]를 차례대로 클릭합니다. 오류 데이터에 빨간색 타원이 표시됩니다.

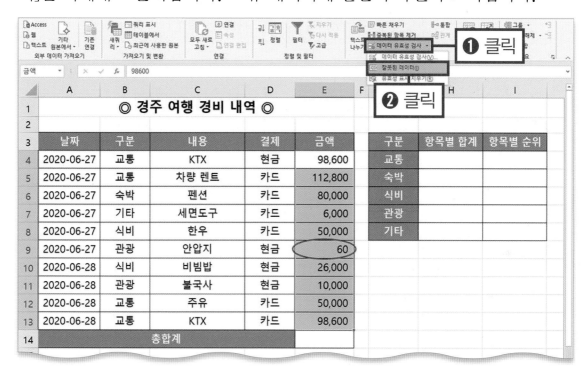

3 잘못 입력된 [E9] 셀을 클릭한 다음 '6000'을 입력하고 Enter↵를 누릅니다. 빨간색 타원이 사라집니다.

데이터 유효성 검사가 지정된 셀을 범위 지정하고 [데이터] 탭-[데이터 도구] 그룹-[데이터 유효성 검사]를 클릭한 다음 [설정] 탭에서 [모두 지우기]를 클릭하면 유효성 검사를 삭제할 수 있습니다.

혼자서도 만들 수 있어요!

1 [12장] 폴더에서 [참여자 명단.xlsx] 파일을 열고 다음 순서에 따라 성별, 핸드폰 번호, 신청인원, 체험비에 유효성 검사를 지정하고 잘못된 데이터가 있는지 검사해 보세요.

문화체험 참여자 명단

연번	성명	성별	핸드폰 번호 (끝4자리)	신청인원	체험비
1	김선재	남	1234	2	20,000
2	김민석	남	5678	2	20,000
3	오경수	남	8912	2	20,000
4	이영수	남	2589	5	40,000
5	김민정	여	38975	4	40,000
6	방민국	남	2589	1	10,000
7	최근수	넘	6874	2	20,000
8	최영길	남	397	1	1,000
9	이정희	여	1279	2	20,000
10	박은수	여	8763	2	20,000

❶ **성별 :** [C4:C13] 셀을 범위 지정하고 [데이터] 탭–[데이터 도구]–[데이터 유효성 검사]를 클릭합니다. [제한 대상]을 [목록]으로 지정하고 원본에 '남,여'를 입력합니다.

❷ **핸드폰 번호 :** [D4:D13] 셀을 범위 지정하고 [데이터] 탭–[데이터 도구]–[데이터 유효성 검사]를 클릭합니다. [제한 대상]을 [텍스트 길이]로 지정하고 [제한 방법]에는 [=], [길이]는 '4'를 입력합니다.

❸ **신청인원 :** [E4:E13] 셀을 범위 지정하고 [데이터] 탭–[데이터 도구]–[데이터 유효성 검사]를 클릭합니다. [제한 대상]을 [정수]로 지정하고 [제한 방법]에는 [<=], [최대값]은 '4'를 입력합니다.

❹ **체험비 :** [F4:F13] 셀을 범위 지정하고 [데이터] 탭–[데이터 도구]–[데이터 유효성 검사]를 클릭합니다. [제한 대상]을 [정수]로 지정하고 [제한 방법]에는 [해당 범위], [최소값]과 [최대값]에는 각각 '10000'과 '40000'을 입력합니다.

❺ [홈] 탭–[편집] 그룹–[찾기 및 선택]–[데이터 유효성 검사]를 클릭합니다. 유효성 검사가 설정된 영역이 표시됩니다.

❻ [데이터] 탭–[데이터 도구] 그룹–[데이터 유효성 검사]–[잘못된 데이터]를 클릭하여 오류 데이터를 찾습니다.

함수를 이용하여 여행 경비 계산하기

셀이나 셀 범위에 이름을 정의해 두면 수식에 셀 주소 대신 이름을 사용할 수 있어 편리합니다. 여기서는 셀에 이름을 정의하고 함수에 정의된 이름을 사용하여 여행 경비를 계산하는 방법에 대해 알아봅니다.

**완성 화면
미리 보기**

**여기서
배워요!** 자동 합계 구하기, 이름 정의, 항목별 합계 및 순위 구하기

자동 합계 구하기

1 ..... [예제 파일]-[13장] 폴더에서 [경비 내역.xlsx] 파일을 불러옵니다. 총합계를 구하기 위해 [E14] 셀을 클릭합니다. [수식] 탭을 클릭하고 [함수 라이브러리] 그룹에서 [자동 합계]-[합계]를 차례대로 클릭합니다. SUM 함수가 표시되고 자동으로 선택 영역이 지정되면 Enter↵를 누릅니다.

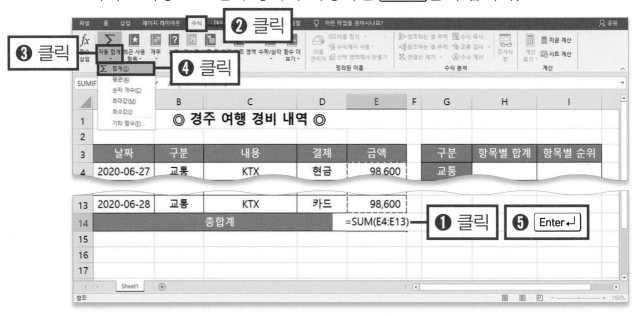

이름 정의하기

1 ..... [A3:E13] 셀까지 드래그하여 범위를 지정한 후 [정의된 이름] 그룹에서 [선택 영역에서 만들기]를 클릭합니다.

	A	B	C	D	E	F	G	H	I
1		◎ 경주 여행 경비 내역 ◎							
2									
3	날짜	구분	내용	결제	금액		구분	항목별 합계	항목별 순위
4	2020-06-27	교통	KTX	현금	98,600		교통		
5	2020-06-27	교통	차량 렌트	카드	112,800		숙박		
6	2020-06-27	숙박	펜션	카드	80,000		식비		
7	2020-06-27	기타	세면도구	카드	6,000		관광		
8	2020-06-27	식비	한우	카드	50,000		기타		
9	2020-06-27	관광	안압지	현금	6,000				
10	2020-06-28	식비		현금	26,000				
11	2020-06-28	관광		현금	10,000				
12	2020-06-28	교통	주유	카드	50,000				
13	2020-06-28	교통	KTX	카드	98,600				
14		총합계			538,000				

① 드래그

② 클릭

2 ..... '선택 영역에서 이름 만들기' 대화 상자가 나타나면 [첫 행]에만 체크 표시한 후 [확인] 버튼을 클릭합니다.

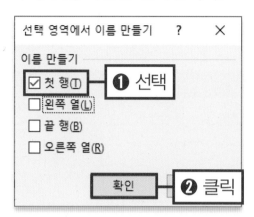

 [B4:B13] 셀을 드래그하여 범위를 지정한 후 [이름 상자]에 '구분'이라고 입력하고 `Enter↵`를 눌러도 이름 정의를 할 수 있습니다.

3 ..... [이름 상자]의 [목록 단추](▼)를 클릭하면 선택 영역에서 만든 이름 목록이 나타납니다. 목록 중 [금액]을 클릭하면 '금액'으로 정의된 선택 영역이 표시됩니다.

◎ 경주 여행 경비 내역 ◎

날짜	구분	내용	결제	금액		구분	항목별 합계	항목별 순위
2020-06-27	교통	KTX	현금	98,600		교통		
2020-06-27	교통	차량 렌트	카드	112,800		숙박		
2020-06-27	숙박	펜션	카드	80,000		식비		
2020-06-27	기타	세면도구	카드	6,000		관광		
2020-06-27	식비	한우	카드	50,000		기타		
2020-06-27	관광	안압지	현금	6,000				
2020-06-28	식비	비빔밥	현금	26,000				
2020-06-28	관광	불국사	현금	10,000				
2020-06-28	교통	주유	카드	50,000				
2020-06-28	교통	KTX	카드	98,600				
총합계				538,000				

 [수식] 탭–[정의된 이름] 그룹–[이름 관리자]를 클릭하면 정의된 이름을 편집/삭제할 수 있습니다.

1 …… 항목별 합계를 구하기 위해 [H4] 셀을 클릭하고 [함수 라이브러리] 그룹에서 [함수 삽입]을 클릭합니다. '함수 마법사' 대화 상자가 나타나면 '범주 선택'에서 [수학/삼각], '함수 선택'에서 [SUMIF]를 클릭한 다음 [확인] 버튼을 클릭합니다.

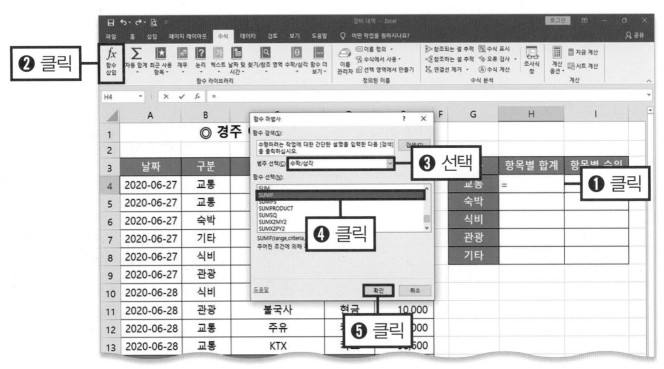

2 …… '함수 인수' 대화 상자가 나타나면 'Range'의 입력란에 '구분', 'Criteria'의 입력란에 'G4', 'Sum_range'의 입력란에는 합계를 구할 '금액'을 입력하고 [확인] 버튼을 클릭합니다.

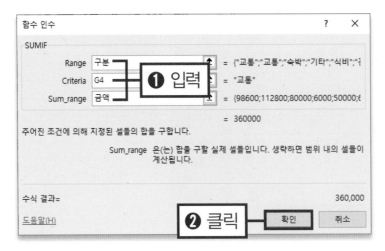

 SUMIF(범위, 조건, [합계범위]) : 지정한 범위에서 조건에 만족하는 셀을 찾아 합계 범위의 합을 구합니다.

3 항목에서 '교통'의 합계가 구해지면 [H4] 셀의 [채우기 핸들]을 [H8] 셀까지 아래로 드래그하여 수식을 복사합니다.

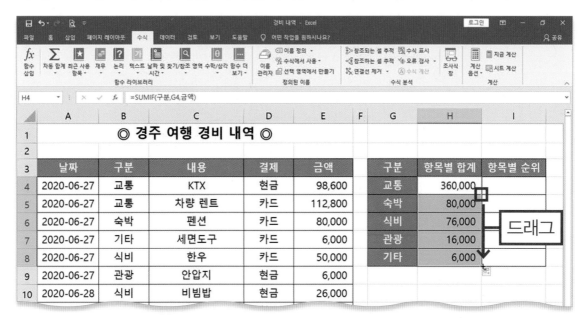

STEP 4 순위 구하기

1 항목별 순위를 구하기 위해 [I4] 셀을 클릭하고 [함수 라이브러리] 그룹에서 [함수 삽입]을 클릭합니다. '함수 마법사' 대화 상자가 나타나면 '범주 선택'에 서 [통계], '함수 선택'에서 [RANK.EQ]를 선택한 다음 [확인] 버튼을 클릭합 니다.

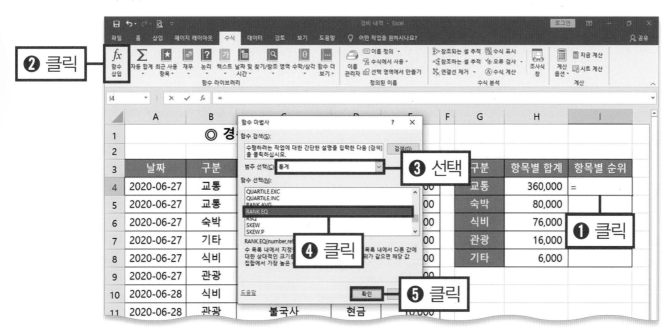

2 ······ '함수 인수' 대화 상자가 나타나면 'Number'의 입력란에는 순위를 구하려는 값인 'H4'를, 'Ref'의 입력란에는 금액의 범위인 'H4:H8' 셀을 입력한 다음 F4를 눌러 절대 참조로 변환합니다. 'Order'는 생략하고 [확인] 버튼을 클릭합니다.

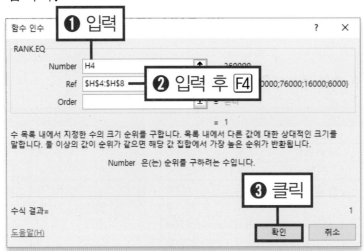

조금 더 배우기 RANK.EQ(숫자, 범위, [옵션]) : 범위에서 숫자의 순위를 구합니다. 옵션에 0을 입력하거나 생략하면 내림차순으로, 1을 입력하면 오름차순으로 순위가 정해집니다.

3 ······ 항목에서 '교통'의 순위가 구해지면 [I4] 셀의 [채우기 핸들]을 [I8] 셀까지 아래로 드래그하여 수식을 복사합니다.

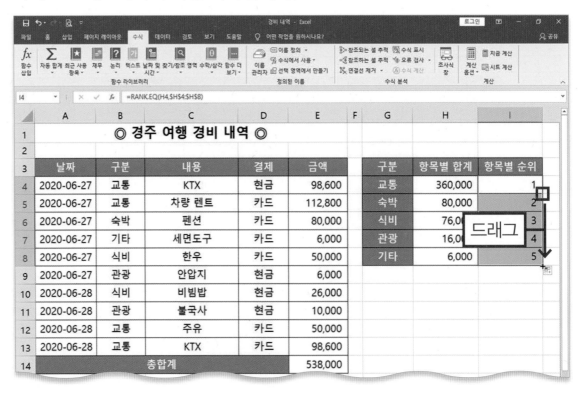

혼자서도 만들 수 있어요!

1 [13장] 폴더에서 [구입 도서 목록.xlsx] 파일을 열고 표의 첫 행을 이용하여 이름 정의를 한 다음 함수를 이용하여 다음을 계산해 보세요.

도서관 구입 도서 목록

제목	저자	출판사	분류	가격		분류별 합계	순위
공감	사토 가시와	끌리는 책	철학	13,000		철학	43,500	3
나를 부르는 숲	빌 브라이슨	까치	문학	13,500		문학	46,500	1
더 나은 세상	피터 싱어	예문아카이브	철학	18,000		역사	44,800	2
북유럽 신화	닐 게이먼	나무의철학	역사	16,800		사회과학	34,000	4
시간을 파는 상점	김선영	자음과 모음	문학	11,000			
식물의 힘	스티븐 리츠	여문책	사회과학	20,000			
오빠가 돌아왔다	김영하	문학동네	문학	10,000			
유튜브의 신	대도서관	비즈니스북스	사회과학	14,000			
추사 김정희	유홍준	창비	역사	28,000			
편의점 가는 기분	박영란	창비	문학	12,000			
하버드 마지막 강의	제임스라이언	비즈니스 북스	철학	12,500			
합계				168,800			

- **합계[F15]** : '=SUM(F4:F14)'
- **이름 정의** : [E3:F14] 범위 지정 후 [수식] 탭–[정의된 이름] 그룹–[선택 영역에서 만들기]
- **분류별 합계[I4]** : '=SUMIF(분류,H4,가격)' • **순위[J4]** : '=RANK.EQ(I4,$I$4:$I$7)'

2 [13장] 폴더에서 [영업 실적.xlsx] 파일을 열고 표의 첫 행을 이용하여 이름 정의를 한 다음 함수를 이용하여 다음을 계산해 보세요.

우리 무역 사원별 영업 실적

이름	부서	1사분기	2사분기	3사분기	4사분기	합계	실적순위		부서별 합계	
박진섭	영업1팀	37,800	60,603	35,687	36,300	170,390	3		영업1팀	287,560
이정한	영업1팀	27,900	37,800	28,970	22,500	117,170	6		영업2팀	416,160
정윤형	영업2팀	63,541	58,756	57,830	43,683	223,810	1		영업3팀	301,210
박성태	영업3팀	36,950	26,971	32,859	62,530	159,310	4			
이태현	영업3팀	32,560	38,970	37,800	32,570	141,900	5			
김무영	영업2팀	39,893	58,971	37,980	55,506	192,350	2			

- **합계[G4]** : '=SUM(C4:F4)' • **실적순위[H4]** : '=RANK.EQ(G4,$G$4:$G$9)'
- **이름 정의** : [B3:G9] 범위 지정 후 [수식] 탭–[정의된 이름] 그룹–[선택 영역에서 만들기]
- **부서별 합계[K4]** : '=SUMIF(부서,J4,합계)'

워크시트 편집하기

POINT

엑셀 2016에서는 통합 문서에 워크시트가 한 개만 제공됩니다. 새로운 워크시트가 필요한 경우 사용자가 새 시트를 추가해 사용할 수 있습니다. 여기서는 워크시트의 삽입, 삭제, 복사 및 이름 변경 등 시트 탭을 편집하는 방법에 대해 알아봅니다.

완성 화면
미리 보기

출발일	여행기간	여행지	동행인	여행인원	여행경비
08월 22일	1박2일	울릉도	동호회	20	325,000
09월 19일	1박2일	강릉	가족	4	568,400
10월 24일	2박3일	여수	가족	2	775,600
12월 25일	2박3일	평창	가족	4	949,100

♣ 하반기 여행 기록표 ♣

여기서
배워요! 워크시트 이름 변경, 워크시트 삽입/삭제, 워크시트 이동/복사

워크시트 이름 바꾸기

1 ..... [예제 파일]–[14장] 폴더에서 [여행 기록표.xlsx] 파일을 불러옵니다. 워크시트의 이름을 변경하기 위해 [Sheet1] 시트 탭에서 마우스 오른쪽 버튼을 누른 다음 [이름 바꾸기]를 선택합니다.

2 ..... [Sheet1] 탭이 수정 상태가 되면 변경할 이름인 '상반기 여행'을 입력한 후 Enter↵를 누릅니다.

1 ..... 워크시트를 추가하기 위해 시트 탭의 [새 시트](⊕)를 클릭합니다. 그림과 같이 시트 탭에 [Sheet1]이 삽입된 것을 확인할 수 있습니다.

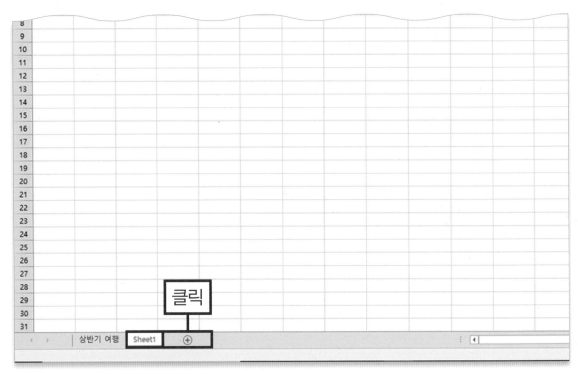

2 ..... 추가된 워크시트를 삭제하기 위해 [Sheet1] 시트 탭에서 마우스 오른쪽 버튼을 누른 다음 [삭제]를 선택합니다.

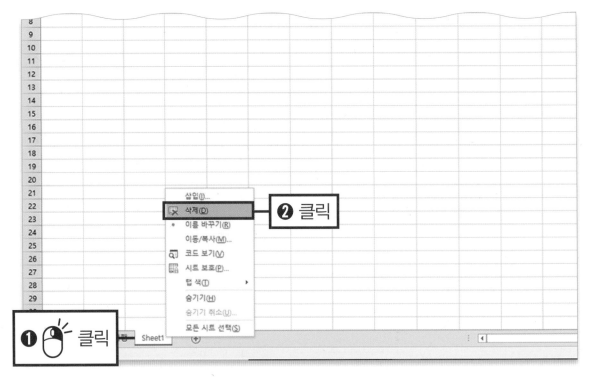

1 시트를 복사하기 위해 [상반기 여행] 시트 탭에서 마우스 오른쪽 버튼을 누른 다음 [이동/복사]를 선택합니다.

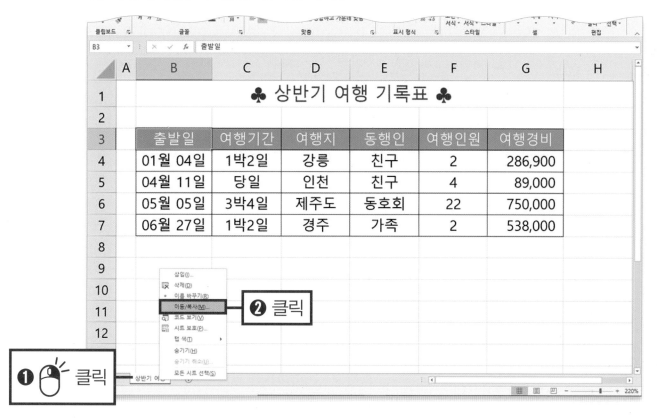

2 '이동/복사' 대화 상자가 나타나면 [복사본 만들기]를 클릭해 체크 표시한 다음 [확인] 버튼을 클릭합니다.

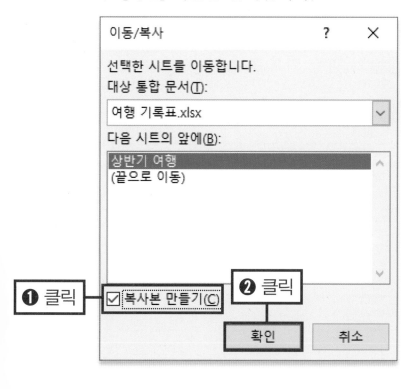

3 ····· '상반기 여행' 시트 앞에 [상반기 여행 (2)] 시트가 복사됩니다.

	출발일	여행기간	여행지	동행인	여행인원	여행경비
			♣ 상반기 여행 기록표 ♣			
3	출발일	여행기간	여행지	동행인	여행인원	여행경비
4	01월 04일	1박2일	강릉	친구	2	286,900
5	04월 11일	당일	인천	친구	4	89,000
6	05월 05일	3박4일	제주도	동호회	22	750,000
7	06월 27일	1박2일	경주	가족	2	538,000

상반기 여행 (2) 상반기 여행 ⊕

조금 더 배우기

시트를 복사하는 다른 방법

복사할 시트 탭을 선택하고 Ctrl을 누른 상태에서 원하는 위치로 드래그합니다. 시트가 복사될 위치는 (▼)으로 표시되고 복사의 의미로 마우스 포인터에 (🗐) 아이콘이 나타납니다.

4 ····· 워크시트의 이름을 변경하기 위해 [상반기 여행 (2)] 시트 탭을 더블 클릭합니다. 수정 상태가 되면 '하반기 여행'을 입력한 후 Enter↵를 누릅니다.

	A	B	C	D	E	F	G	H
1			♣ 상반기 여행 기록표 ♣					
2								
3		출발일	여행기간	여행지	동행인	여행인원	여행경비	
4		01월 04일	1박2일	강릉	친구	2	286,900	
5		04월 11일	당일	인천	친구	4	89,000	
6		05월 05일	3박4일	제주도	동호회	22	750,000	
7		06월 27일	1박2일	경주	가족	2	538,000	

❷ 입력 후 Enter↵

하반기 여행 ❶ 더블 클릭

5 ..... 워크시트를 이동시키기 위해 [하반기 여행] 시트 탭을 [상반기 여행] 시트 뒤로 드래그합니다. 시트가 이동될 위치는 (▼)으로 표시됩니다.

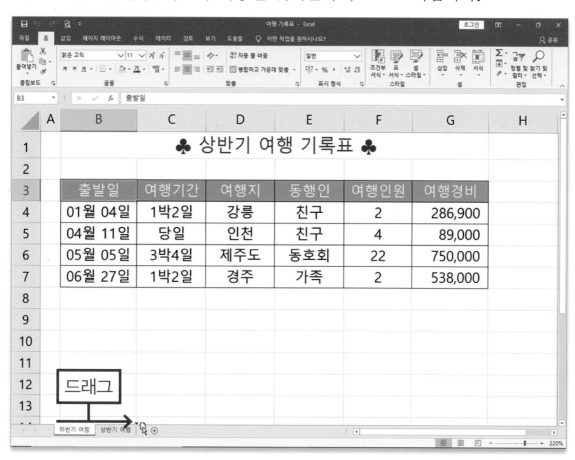

6 ..... [B1] 셀을 더블 클릭하여 '상반기'를 '하반기'로 수정하고 다음과 같이 내용을 수정하여 [하반기 여행] 시트를 완성합니다.

출발일	여행기간	여행지	동행인	여행인원	여행경비
08월 22일	1박2일	울릉도	동호회	20	325,000
09월 19일	1박2일	강릉	가족	4	568,400
10월 24일	2박3일	여수	가족	2	775,600
12월 25일	2박3일	평창	가족	4	949,100

내용 수정

혼자서도 만들 수 있어요!

1 [14장] 폴더에서 [판매 현황.xlsx] 파일을 열고 [Sheet1] 시트를 [1사분기]로, [Sheet2] 시트를 [2사분기]로 이름을 변경하고 [1사분기] 시트를 복사해 보세요.

	지점별 1사분기 판매 현황				
	지점	1월	2월	3월	합계
	대구지점	232	240	226	698
	인천지점	237	245	230	712
	부산지점	283	198	365	846
	광주지점	205	303	109	617
	울산지점	187	243	129	559
	대전지점	237	297	179	713

1사분기 (2) | 1사분기 | 2사분기 | ⊕

- **워크시트 이름 변경** : 시트 탭을 더블 클릭한 다음 변경할 이름 입력 후 Enter↵
- **워크시트 복사** : [1사분기] 시트 탭에서 마우스 오른쪽 버튼 누른 후 [이동/복사] 선택 → [복사본 만들기]에 체크 후 [확인] 클릭

2 복사한 [1사분기 (2)] 시트의 이름을 [3사분기]로 변경하고 [2사분기] 시트 뒤로 이동해 보세요.

	지점별 1사분기 판매 현황				
	지점	1월	2월	3월	합계
	대구지점	232	240	226	698
	인천지점	237	245	230	712
	부산지점	283	198	365	846
	광주지점	205	303	109	617
	울산지점	187	243	129	559
	대전지점	237	297	179	713

1사분기 | 2사분기 | 3사분기 | ⊕

워크시트 이동 : 이름 변경한 [3사분기] 시트를 [2사분기] 시트 뒤로 드래그

차트 작성하기

POINT

수치 데이터를 시각화하여 쉽게 파악할 수 있게 해 주는 기능으로 차트가 있습니다. 차트 중 원형 차트는 전체에서 각 부분이 차지하는 비율을 나타낼 때 효과적입니다. 여기서는 차트를 삽입한 후 편집하고 차트의 종류를 변경하는 방법에 대해 알아봅니다.

완성 화면
미리 보기

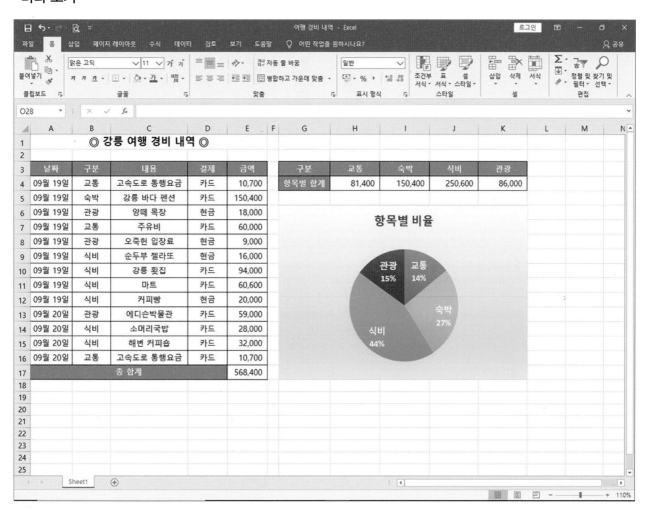

여기서
배워요! 차트 삽입 및 편집, 차트 종류 변경

1 ····· [예제 파일]-[15장] 폴더에서 [여행 경비 내역.xlsx] 파일을 불러옵니다. [G3:K4] 셀을 드래그하여 범위를 지정한 후 [삽입] 탭을 클릭합니다. [차트] 그룹에서 [세로 또는 가로 막대형 차트 삽입](📊▾)-'2차원 세로 막대형'의 [묶은 세로 막대형]을 클릭합니다. 차트가 워크시트에 삽입됩니다.

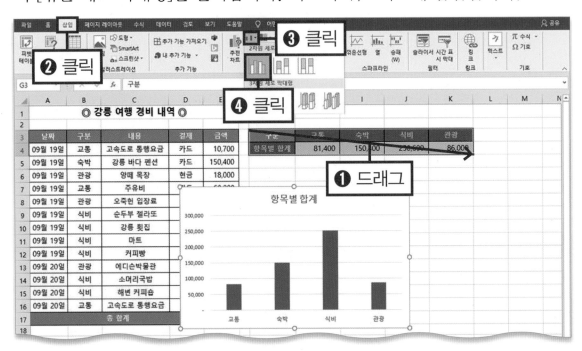

2 ····· 차트가 선택된 상태에서 [차트 도구]-[디자인] 탭의 [차트 레이아웃] 그룹에서 [차트 요소 추가]를 클릭하고 [데이터 레이블]-[바깥쪽 끝에]를 차례대로 클릭합니다. 레이블 값이 그래프의 바깥쪽 끝에 표시됩니다.

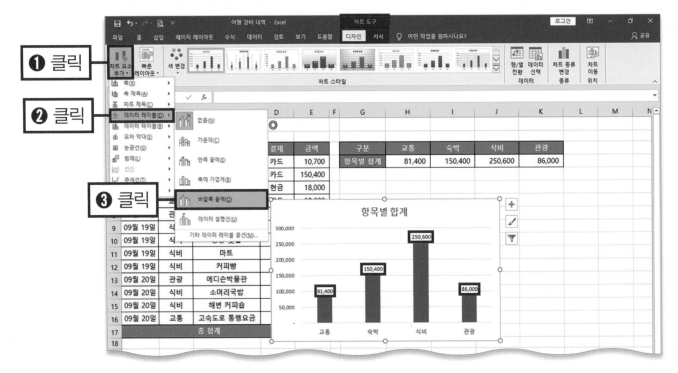

3 차트 스타일을 변경하기 위해 [차트 스타일] 그룹에서 [스타일 7]을 클릭합니다. [색 변경]을 클릭한 다음 '색상형'의 [다양한 색상표 3]을 선택합니다.

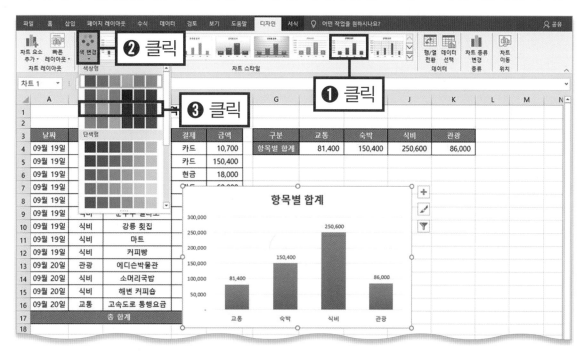

4 차트에서 [세로 (값) 축]을 클릭하고 [차트 도구]의 [서식] 탭을 클릭한 후 [현재 선택 영역] 그룹에서 [선택 영역 서식]을 클릭합니다. '축 서식' 창이 나타나면 [축 옵션](📊)에서 '단위'의 '기본' 입력란에 '100000'을 입력하고 [닫기](❌) 버튼을 클릭합니다. 세로 축의 기본 단위가 변경됩니다.

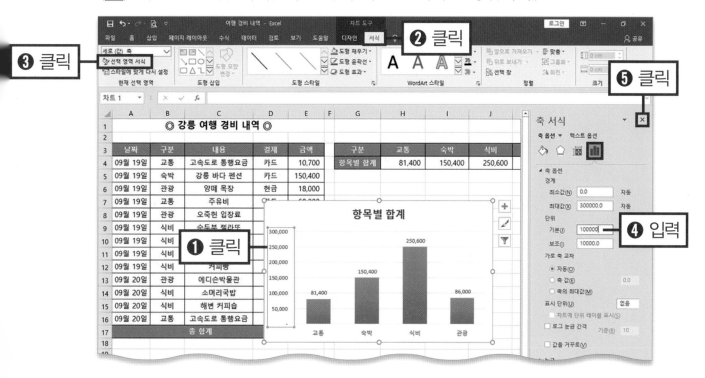

5 이번에는 [차트 영역]을 클릭한 후 [선택 영역 서식]을 클릭합니다. '차트 영역 서식' 창이 나타나면 [채우기 및 선](◈)의 [채우기]를 클릭합니다. [그라데이션 채우기]를 클릭하고 [그라데이션 미리 설정](▣▾)-[밝은 그라데이션 - 강조 4]를 차례대로 클릭한 다음 [닫기](✖) 버튼을 클릭합니다.

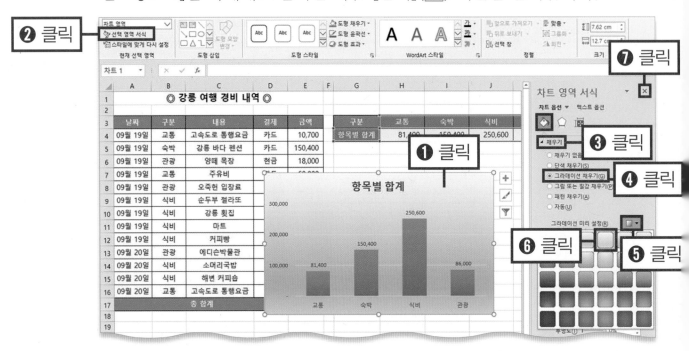

6 차트를 드래그하여 [G6] 셀 위치로 이동하고 [G6:K17] 셀에 맞춰 드래그해 크기를 조정합니다.

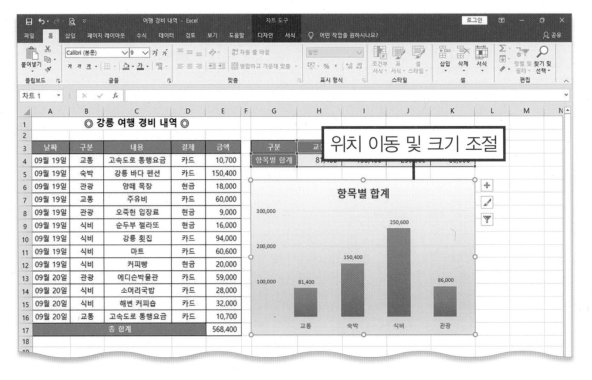

1 차트 종류를 원형으로 변경하기 위해 [차트 도구]에서 [디자인] 탭을 클릭한 후 [종류] 그룹에서 [차트 종류 변경]을 클릭합니다. '차트 종류 변경' 대화 상자가 나타나면 [모든 차트] 탭에서 [원형]을 클릭한 다음 오른쪽 항목에서 다시 [원형]을 선택한 후 [확인] 버튼을 클릭합니다.

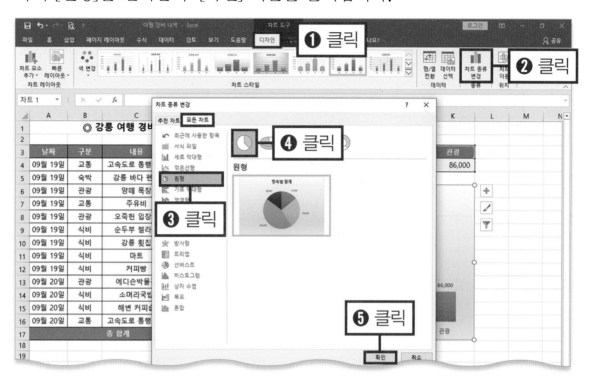

2 이번에는 [차트 레이아웃] 그룹에서 [빠른 레이아웃]-[레이아웃 1]을 차례 대로 클릭합니다.

3 ⋯⋯ '차트 제목'을 클릭한 후 제목 안쪽을 클릭하여 커서가 삽입되면 '합계'를 '비율'로 변경합니다. 제목을 드래그하여 선택하면 미니 도구 모음이 나타납니다. [글꼴 색]( )의 [목록 단추]( )를 클릭한 후 '표준 색'에서 [진한 빨강]을 클릭합니다.

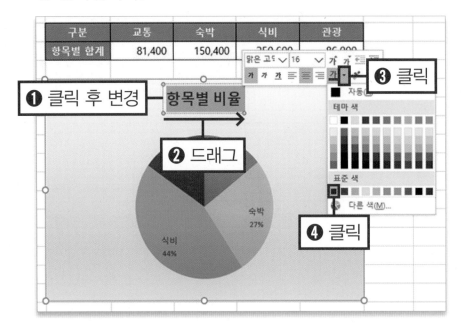

4 ⋯⋯ 차트에서 [데이터 레이블]을 클릭하고 [홈] 탭을 클릭합니다. [글꼴] 그룹에서 [굵게]( )를 클릭합니다. '글꼴 크기'는 [12], [글꼴 색]( )은 '테마 색'의 [흰색, 배경 1]을 선택합니다.

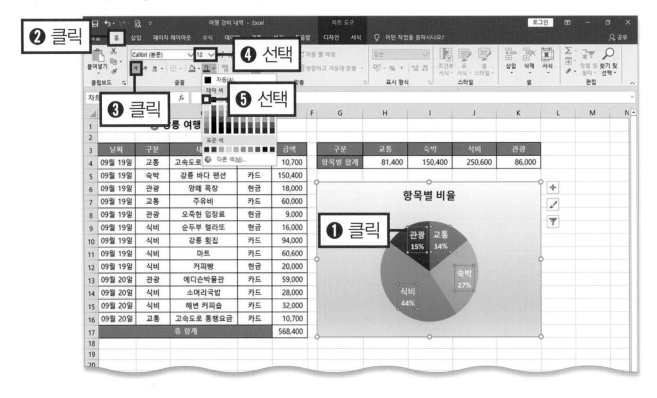

혼자서도 만들 수 있어요!

1 [15장] 폴더에서 [광역시별 인구수.xlsx] 파일의 [막대형 차트] 시트를 열고 다음과 같이 세로 막대형 차트를 작성해 보세요.

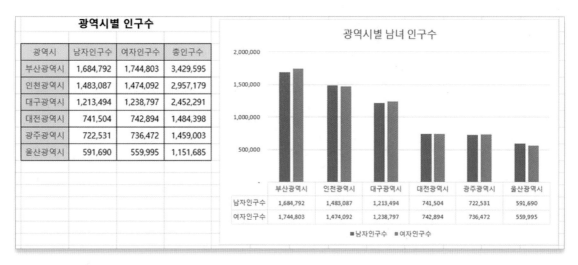

 [B3:D9] 셀 영역 지정 → [삽입] 탭-[차트] 그룹-[세로 또는 가로 막대형 차트 삽입]-[묶은 세로 막대형] 클릭 → 차트 크기 지정 → 차트 제목 변경 → [차트 도구]-[디자인] 탭-[차트 레이아웃] 그룹-[차트 요소 추가]-[데이터 테이블]-[범례 표지 없음] 클릭 → [세로 (값) 축] 클릭 → 마우스 오른쪽 버튼 누른 후 [축 서식] 선택 → [축 옵션]-[단위]의 [기본]에 '500000' 입력 후 [닫기] 클릭

2 [원형 차트] 시트를 열고 다음과 같이 원형 차트를 작성해 보세요.

광역시별 인구수			
광역시	남자인구수	여자인구수	총인구수
부산광역시	1,684,792	1,744,803	3,429,595
인천광역시	1,483,087	1,474,092	2,957,179
대구광역시	1,213,494	1,238,797	2,452,291
대전광역시	741,504	742,894	1,484,398
광주광역시	722,531	736,472	1,459,003
울산광역시	591,690	559,995	1,151,685

[B3:B9] 셀까지 영역 지정 후 Ctrl 누른 채 [E3:E9] 셀 드래그 → [삽입] 탭-[차트] 그룹-[원형 또는 도넛형 차트 삽입]-[원형] 클릭 → 차트 크기 지정 → 차트 제목 변경 → [차트 도구]-[디자인] 탭-[차트 레이아웃] 그룹-[빠른 레이아웃]-[레이아웃 1] 클릭 → [차트 요소 추가]-[데이터 레이블]-[안쪽 끝에] 클릭

CHAPTER 16

데이터 정렬하기

POINT

데이터를 원하는 기준으로 재배열하는 것을 정렬이라고 합니다. 텍스트, 숫자, 날짜, 시간 등을 기준으로 오름차순/내림차순 정렬을 할 수 있고 사용자가 지정한 목록으로도 정렬을 할 수 있습니다. 여기서는 데이터를 여러 가지 기준으로 정렬하는 방법에 대해 알아봅니다.

완성 화면

미리 보기

여기서 배워요!

하나의 기준으로 정렬하기, 여러 개의 기준으로 정렬하기, 사용자 지정 목록으로 정렬하기

1 [예제 파일]–[16장] 폴더에서 [여행 기록표.xlsx] 파일을 불러옵니다. 여행
기간을 기준으로 오름차순으로 정렬하기 위해 [C3] 셀을 클릭하고 [데이터]
탭을 클릭한 후 [정렬 및 필터] 그룹에서 [텍스트 오름차순 정렬](공↓)을 클
릭합니다.

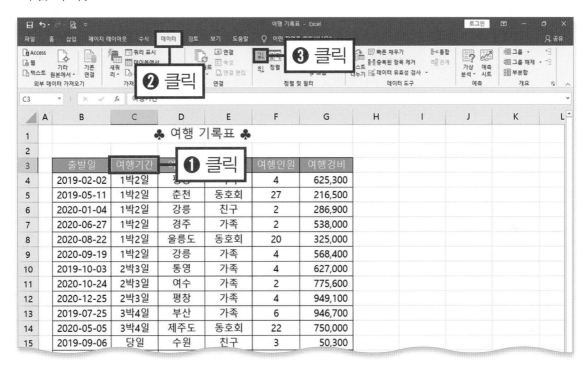

2 이번에는 여행경비를 기준으로 내림차순으로 정렬하기 위해 [G3] 셀을 클릭
하고 [정렬 및 필터] 그룹에서 [텍스트 내림차순 정렬](흭↓)을 클릭합니다.

여러 개의 기준으로 정렬하기

1 ..... 데이터에서 임의의 셀인 [B3] 셀을 클릭한 후 [정렬 및 필터] 그룹에서 [정렬]을 클릭합니다.

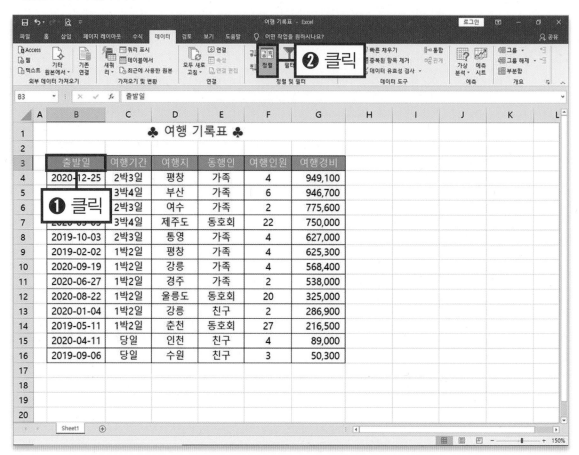

2 ..... '정렬' 대화 상자가 나타나면 '정렬 기준'에 [동행인], [셀 값], [오름차순]을 각각 선택합니다. [기준 추가] 버튼을 클릭하고 '다음 기준'을 [여행경비], [셀 값], [내림차순]으로 선택한 후 [확인] 버튼을 클릭합니다.

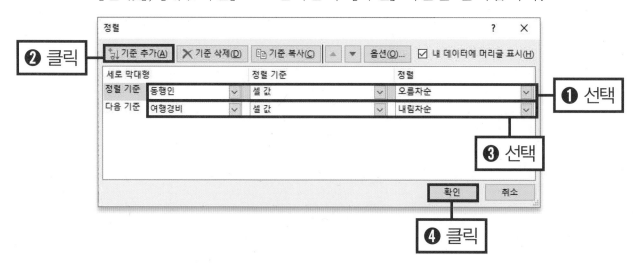

3 [동행인]을 기준으로 오름차순 정렬한 후 동일한 데이터는 [여행경비]를 기준으로 내림차순 정렬된 것을 확인할 수 있습니다.

♣ 여행 기록표 ♣					
출발일	여행기간	여행지	동행인	여행인원	여행경비
2020-12-25	2박3일	평창	가족	4	949,100
2019-07-25	3박4일	부산	가족	6	946,700
2020-10-24	2박3일	여수	가족	2	775,600
2019-10-03	2박3일	통영	가족	4	627,000
2019-02-02	1박2일	평창	가족	4	625,300
2020-09-19	1박2일	강릉	가족	4	568,400
2020-06-27	1박2일	경주	가족	2	538,000
2020-05-05	3박4일	제주도	동호회	22	750,000
2020-08-22	1박2일	울릉도	동호회	20	325,000
2019-05-11	1박2일	춘천	동호회	27	216,500
2020-01-04	1박2일	강릉	친구	2	286,900
2020-04-11	당일	인천	친구	4	89,000
2019-09-06	당일	수원	친구	3	50,300

STEP 3 사용자 지정 목록으로 정렬하기

---

1 데이터에서 임의의 셀인 [B3] 셀을 선택하고 [정렬 및 필터] 그룹에서 [정렬]을 클릭합니다.

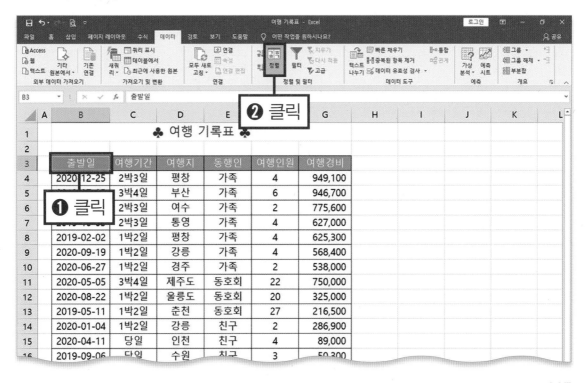

2 ...... '정렬' 대화 상자가 나타나면 [다음 기준]을 클릭하고 [기준 삭제]를 클릭합니다. 이어 '정렬 기준'에 [여행기간], [셀 값], [사용자 지정 목록]을 선택합니다.

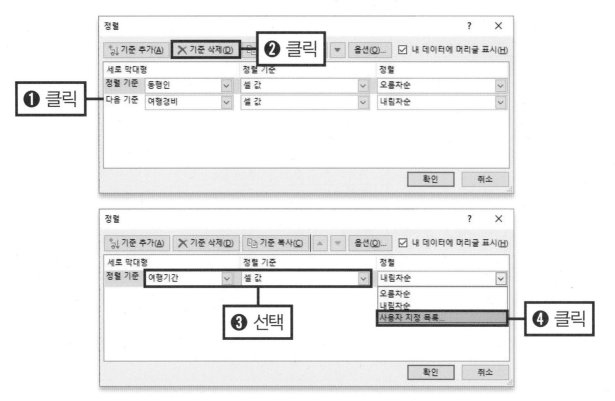

3 ...... '사용자 지정 목록' 대화 상자가 나타나면 '목록 항목'에 다음과 같이 '당일, 1박2일, 2박3일, 3박4일'을 입력하고 [추가]–[확인] 버튼을 차례대로 클릭합니다.

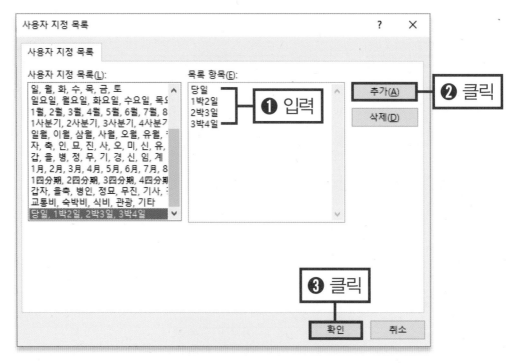

4 ····· 다시 '정렬' 대화 상자가 나타나면 [기준 추가] 버튼을 클릭한 다음 '다음 기준' 에 [동행인], [셀 값], [오름차순]을 선택한 후 [확인] 버튼을 클릭합니다.

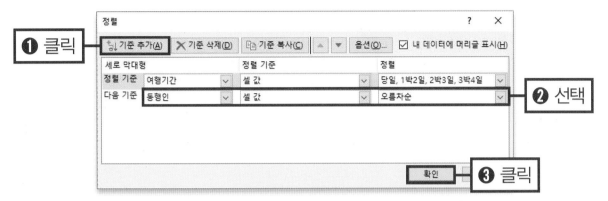

5 ····· 여행기간이 '사용자 지정 목록'에서 설정한 값으로 정렬이 이루어지고 여행 기간이 같을 경우에는 '동행인'을 기준으로 오름차순으로 정렬된 것을 확인 할 수 있습니다.

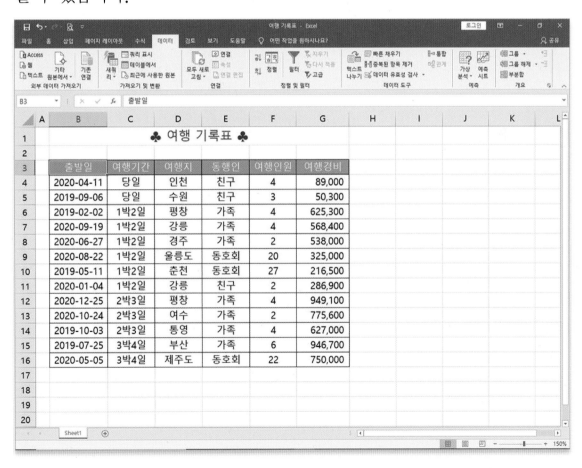

혼자서도 만들 수 있어요!

1 [16장] 폴더에서 [급여 지급 현황.xlsx] 파일을 열고 다음과 같이 부서명을 기준으로 오름차순 정렬해 보세요.

사원별 급여 지급 현황					
사원명	부서명	직급	지급총액	공제총액	실지급액
김길수	개발팀	과장	4,250,000	553,700	3,696,300
나원경	개발팀	사원	2,250,000	197,200	2,052,800
홍대철	개발팀	대리	3,900,000	235,000	3,665,000
나도만	관리팀	부장	5,375,000	775,600	4,599,400
이학천	관리팀	사원	2,250,000	186,330	2,063,670
지순정	관리팀	과장	4,390,000	521,000	3,869,000
박소영	기획팀	사원	2,000,000	181,000	1,819,000
박지숙	기획팀	사원	2,000,000	198,650	1,801,350
이성재	기획팀	과장	4,390,000	556,500	3,833,500
강승수	총무팀	차장	4,987,000	639,300	4,347,700
김소정	총무팀	사원	2,250,000	195,000	2,055,000
장원수	총무팀	과장	4,250,000	553,000	3,697,000

HINT [B3] 셀 클릭 → [데이터] 탭–[정렬 및 필터] 그룹–[텍스트 오름차순 정렬] 클릭

2 다음으로 직급을 '사원, 대리, 과장, 차장, 부장' 순으로 정렬한 뒤 실지급액을 기준으로 내림차순 정렬해 보세요.

사원별 급여 지급 현황					
사원명	부서명	직급	지급총액	공제총액	실지급액
이학천	관리팀	사원	2,250,000	186,330	2,063,670
김소정	총무팀	사원	2,250,000	195,000	2,055,000
나원경	개발팀	사원	2,250,000	197,200	2,052,800
박소영	기획팀	사원	2,000,000	181,000	1,819,000
박지숙	기획팀	사원	2,000,000	198,650	1,801,350
홍대철	개발팀	대리	3,900,000	235,000	3,665,000
지순정	관리팀	과장	4,390,000	521,000	3,869,000
이성재	기획팀	과장	4,390,000	556,500	3,833,500
장원수	총무팀	과장	4,250,000	553,000	3,697,000
김길수	개발팀	과장	4,250,000	553,700	3,696,300
강승수	총무팀	차장	4,987,000	639,300	4,347,700
나도만	관리팀	부장	5,375,000	775,600	4,599,400

HINT [데이터] 탭–[정렬 및 필터] 그룹–[정렬] 클릭 → '정렬 기준'에 [직급], [셀 값], [사용자 지정 목록] 클릭 → '사원, 대리, 과장, 차장, 부장' 입력 후 [추가]–[확인] 클릭 → [기준 추가] 클릭 → [다음 기준]에 [실지급액], [셀 값], [내림차순] 선택 후 [확인] 클릭

CHAPTER 17
부분합으로 데이터 요약하기

데이터 목록에서 특정 항목별로 그룹화한 후 그룹별로 합계, 평균, 개수 등을 구하는 기능을 부분합이라고 합니다. 여기서는 부분합을 이용하여 여행 기간별로 합계와 평균을 계산하는 방법에 대해 알아봅니다.

완성 화면
미리 보기

출발일	여행기간	여행지	동행인	여행인원	여행경비
2020-04-11	당일	인천	친구	4	89,000
2019-09-06	당일	수원	친구	3	50,300
	당일 평균				69,650
	당일 요약				139,300
2019-02-02	1박2일	평창	가족	4	625,300
2020-09-19	1박2일	강릉	가족	4	568,400
2020-06-27	1박2일	경주	가족	2	538,000
2020-08-22	1박2일	울릉도	동호회	20	325,000
2019-05-11	1박2일	춘천	동호회	27	216,500
2020-01-04	1박2일	강릉	친구	2	286,900
	1박2일 평균				426,683
	1박2일 요약				2,560,100
2020-12-25	2박3일	평창	가족	4	949,100
2020-10-24	2박3일	여수	가족	2	775,600
2019-10-03	2박3일	통영	가족	4	627,000
	2박3일 평균				783,900
	2박3일 요약				2,351,700
2019-07-25	3박4일	부산	가족	6	946,700
2020-05-05	3박4일	제주도	동호회	22	750,000
	3박4일 평균				848,350
	3박4일 요약				1,696,700
	전체 평균				519,062
	총합계				6,747,800

여기서
배워요! 부분합 지정, 부분합 요약 정보만 서식 지정

1 [예제 파일]-[17장] 폴더에서 [여행 기록표.xlsx] 파일을 불러옵니다. 부분합을 설정하기 위해 데이터에서 임의의 셀인 [B3] 셀을 클릭하고 [데이터] 탭을 클릭한 후 [개요] 그룹에서 [부분합]을 클릭합니다.

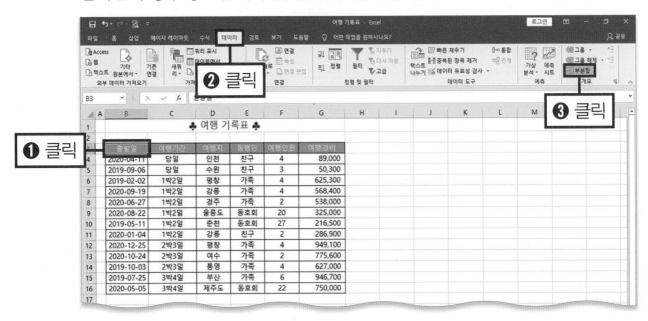

 부분합을 실행하기 위해서는 그룹화할 항목을 기준으로 정렬이 선행되어야 합니다. [여행 기록표] 데이터에서는 [여행기간]을 기준으로 정렬되어 있습니다.

2 '부분합' 대화 상자가 나타나면 '그룹화할 항목'은 [여행기간], '사용할 함수'는 [합계]를 선택합니다. '부분합 계산 항목'에서 [여행경비]에 체크 표시한 후 [확인] 버튼을 클릭합니다.

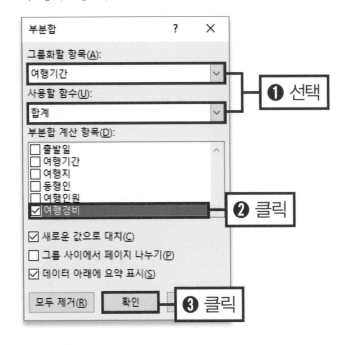

3 여행기간별로 여행경비의 합계가 계산되어 표시됩니다. 부분합을 추가하기 위해 [개요] 그룹에서 [부분합]을 클릭합니다.

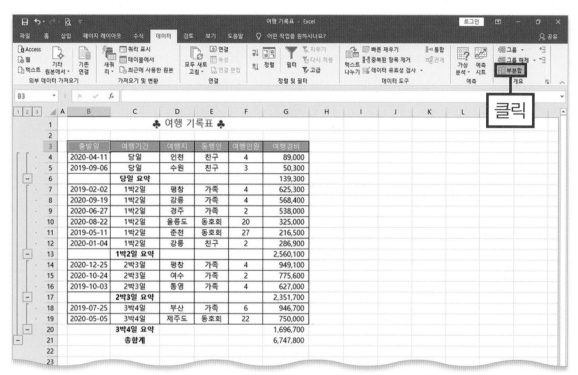

 부분합을 지정하면 워크시트 왼쪽에 (1 2 3) 모양의 개요가 나타나고 개요의 숫자를 클릭하면 하위 그룹을 숨기거나 나타나게 할 수 있습니다.

4 '부분합' 대화 상자가 나타나면 '사용할 함수'에서 [평균]을 선택합니다. [새로운 값으로 대치]를 클릭하여 체크 해제한 다음 [확인] 버튼을 클릭합니다.

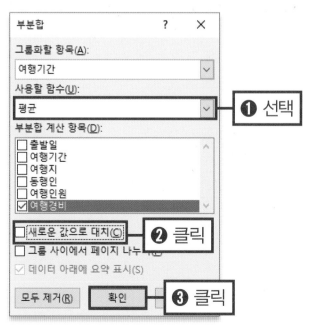

5 ····· 여행기간의 합계 위에 평균이 계산되어 표시됩니다.

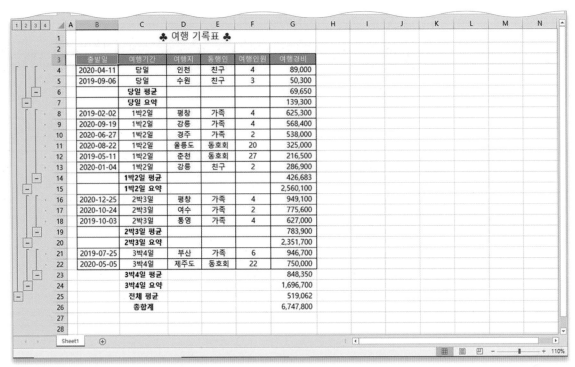

STEP 2 **부분합 요약 정보만 서식 지정하기**

1 ····· 부분합으로 요약되면 개요 수준 중에서 (③)을 클릭하고 [B6:G26] 셀을 드래그하여 범위를 지정합니다. [홈] 탭을 클릭한 후 [편집] 그룹에서 [찾기 및 선택]-[이동 옵션]을 차례대로 클릭합니다.

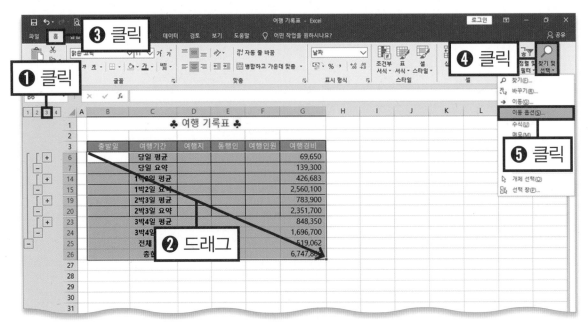

2 ····· '이동 옵션' 대화 상자가 나타나면 [화면에 보이는 셀만]을 클릭한 후 [확인] 버튼을 클릭합니다.

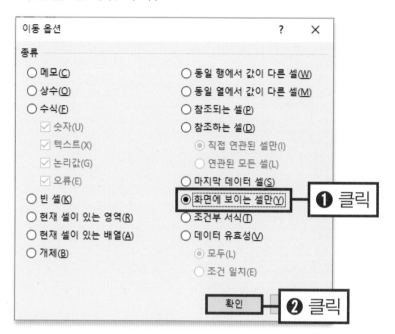

3 ····· [글꼴] 그룹에서 [테두리](▦ ▾)의 [목록 단추](▾)를 클릭한 다음 [모든 테두리]를 선택합니다. [채우기 색](▨ ▾)의 [목록 단추](▾)를 클릭하여 '테마 색'의 [녹색, 강조 6, 80% 더 밝게]를 클릭합니다.

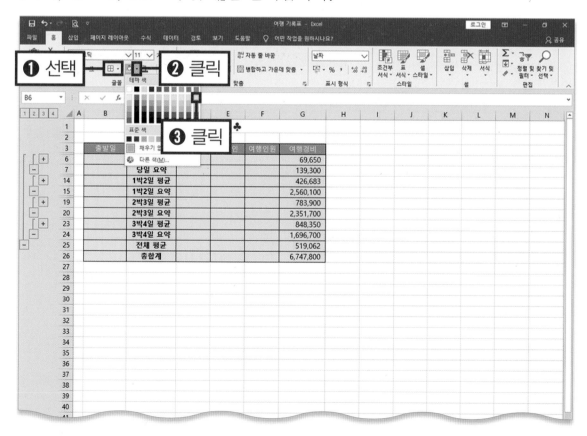

4 임의의 셀인 [B3] 셀을 선택한 후 개요 수준에서 (4)를 클릭하면 데이터의 전체 내용이 나타나고 요약 정보에만 채우기 색이 지정되어 있는 것을 확인할 수 있습니다.

5 화면 왼쪽의 개요 표시를 지우기 위해 [데이터] 탭을 클릭한 후 [개요] 그룹에서 [그룹 해제]-[개요 지우기]를 차례대로 클릭합니다.

조금 더 배우기 부분합을 제거하려면 [데이터] 탭-[개요] 그룹의 [부분합]을 클릭하여 나타나는 대화 상자에서 [모두 제거] 버튼을 클릭합니다.

혼자서도 만들 수 있어요!

1 [17장] 폴더에서 [필기 검정 현황.xlsx] 파일을 열고 다음과 같이 부분합을 지정해 보세요.

연도	종목명	응시	합격	합격률
	종목별 필기 검정 현황			
2017	가구제작기능사	708	518	73.2%
2018	가구제작기능사	757	586	77.4%
2019	가구제작기능사	1,215	867	71.4%
	가구제작기능사 평균			74.0%
	가구제작기능사 요약	2,680	1,971	
2017	제과기능사	26,917	9,120	33.9%
2018	제과기능사	27,727	9,630	34.7%
2019	제과기능사	36,262	13,843	38.2%
	제과기능사 평균			35.6%
	제과기능사 요약	90,906	32,593	
2017	한식조리기능사	96,406	41,315	42.9%
2018	한식조리기능사	83,697	36,803	44.0%
2019	한식조리기능사	83,109	38,384	46.2%
	한식조리기능사 평균			44.3%
	한식조리기능사 요약	263,212	116,502	
2017	항공기관정비기능사	3,837	1,442	37.6%
2018	항공기관정비기능사	3,357	1,346	40.1%
2019	항공기관정비기능사	2,837	1,085	38.2%
	항공기관정비기능사 평균			38.6%
	항공기관정비기능사 요약	10,031	3,873	
	전체 평균			48.1%
	총합계	366,829	154,939	

HINT [종목명]을 기준으로 오름차순 정렬 → [데이터] 탭-[개요] 그룹에서 [부분합] 클릭 → [그룹화할 항목](종목명), [사용할 함수](합계), [부분합 계산 항목](응시, 합격) 지정 후 [확인] 클릭 → 다시 [부분합] 클릭 후 [사용할 함수](평균), [부분합 계산 항목](합격률) 지정 → [새로운 값으로 대치] 해제 후 [확인] 클릭

2 **1**번에서 부분합이 지정된 요약 부분에 채우기 색과 테두리를 지정해 보세요.

연도	종목명	응시	합격	합격률
	종목별 필기 검정 현황			
2017	가구제작기능사	708	518	73.2%
2018	가구제작기능사	757	586	77.4%
2019	가구제작기능사	1,215	867	71.4%
	가구제작기능사 평균			**74.0%**
	가구제작기능사 요약	**2,680**	**1,971**	
2017	제과기능사	26,917	9,120	33.9%
2018	제과기능사	27,727	9,630	34.7%
2019	제과기능사	36,262	13,843	38.2%
	제과기능사 평균			**35.6%**
	제과기능사 요약	**90,906**	**32,593**	
2017	한식조리기능사	96,406	41,315	42.9%
2018	한식조리기능사	83,697	36,803	44.0%
2019	한식조리기능사	83,109	38,384	46.2%
	한식조리기능사 평균			**44.3%**
	한식조리기능사 요약	**263,212**	**116,502**	
2017	항공기관정비기능사	3,837	1,442	37.6%
2018	항공기관정비기능사	3,357	1,346	40.1%
2019	항공기관정비기능사	2,837	1,085	38.2%
	항공기관정비기능사 평균			**38.6%**
	항공기관정비기능사 요약	**10,031**	**3,873**	
	전체 평균			**48.1%**
	총합계	**366,829**	**154,939**	

HINT 개요 [3] 클릭 → [B7:F25] 셀 영역 지정 → [홈] 탭-[편집] 그룹에서 [찾기 및 선택]-[이동 옵션] 클릭 → [화면에 보이는 셀만] 선택 후 [확인] 클릭 → [모든 테두리]와 [채우기 색] 지정 → 개요 [4] 클릭

CHAPTER 18

자동 필터로 데이터 추출하기

사용자가 지정하는 특정 조건을 만족하는 자료만 검색,

추출하는 기능을 필터라고 합니다. 필터에는 자동 필터와 고급 필터가 있는데 여기서는

자동 필터를 이용하여 원하는 자료를 추출하는 방법에 대해 알아봅니다.

완성 화면

미리 보기

	A	B	C	D	E	F	G	H	I	J	K
1					여행 동아리 회원 명단						
2											
3		성명	직책	성별	지역	연락처	나이	가입날짜			
5		서지훈	준회원	남	서대문구	010-2000-3000	56	2020-05-07			
8		한태상	회장	남	서대문구	010-9876-5432	52	2018-01-10			
9		박동욱	준회원	남	성북구	010-3000-4000	51	2020-05-19			
14		장재철	정회원	남	수원시	010-5689-3214	50	2019-06-15			
15		정익수	정회원	남	수원시	010-3698-5214	52	2019-06-15			

여기서

배워요! 자동 필터 지정 및 해제

자동 필터 지정하기

1 ...... [예제 파일]–[18장] 폴더에서 [회원 명단.xlsx] 파일을 불러옵니다. 데이터
에서 임의의 셀인 [B3] 셀을 클릭하고 [데이터] 탭을 클릭합니다. [정렬 및
필터] 그룹에서 [필터]를 클릭합니다. 각 필드명 오른쪽에 필터를 설정할 수
있는 [필터 단추](🔽)가 나타납니다.

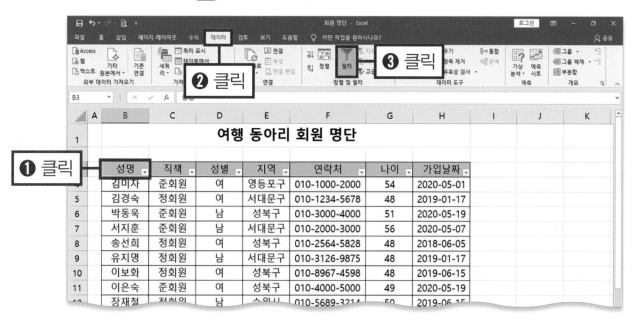

 데이터 범위에서 세로줄(열)을 '필드'라 하고 각 필드의 이름을 '필드명'이라고 합니다.

2 ...... [지역] 필드를 오름차순 정렬하기 위해 [E3] 셀의 [필터 단추](🔽)를 클릭한
후 [텍스트 오름차순 정렬]을 선택합니다. 정렬이 이루어지면 해당 필드의
필터 단추가 (🔼) 모양으로 변경됩니다.

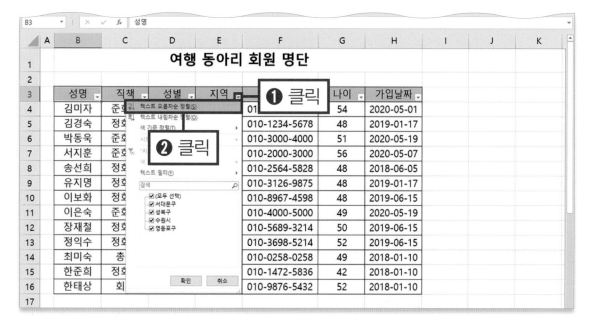

3 [성별]이 '남'인 데이터만 표시하기 위해 [D3] 셀의 [필터 단추](▼)를 클릭합니다. [모두 선택]을 클릭하여 체크 해제한 다음 [남]을 클릭해 체크 표시한 후 [확인] 버튼을 클릭합니다.

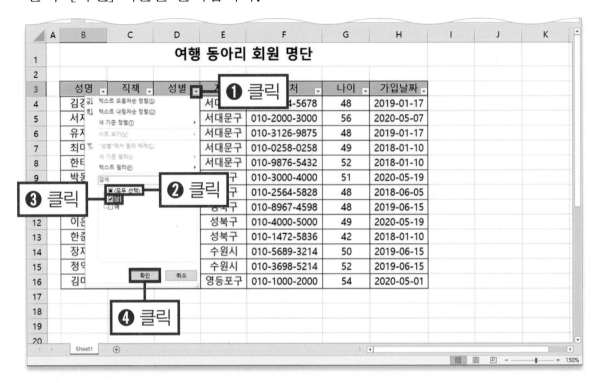

4 필터를 지정하면 해당 필드의 필터 단추가 (⊤) 모양으로 바뀌고 행 머리글은 파란색으로 변경됩니다.

5 ..... 나이가 50세 이상인 데이터를 표시하기 위해 [G3] 셀의 [필터 단추](▼)를 클릭하고 [숫자 필터]−[크거나 같음]을 차례대로 클릭합니다.

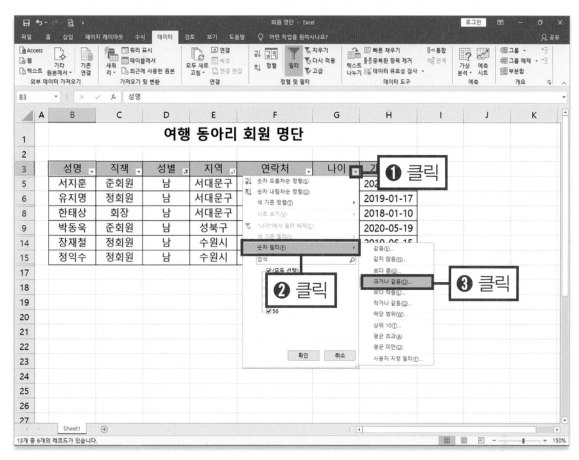

6 ..... '사용자 지정 자동 필터' 대화 상자가 나타나면 '나이'의 입력란에 '50'을 입력하고 [확인] 버튼을 클릭합니다.

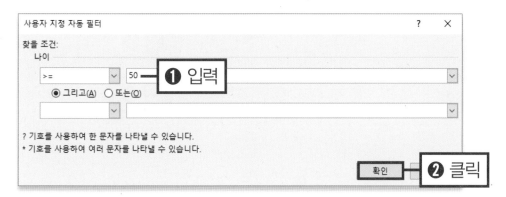

7 ..... 성별이 남이고 나이가 50세 이상인 데이터가 추출됩니다.

8 ..... 지정되어 있는 필터 중 원하는 필드의 필터만 해제할 수 있습니다. 나이에 지정된 필터만 해제하기 위해 [G3] 셀의 [필터 단추](⏷)를 클릭한 후 ["나이"에서 필터 해제]를 클릭합니다.

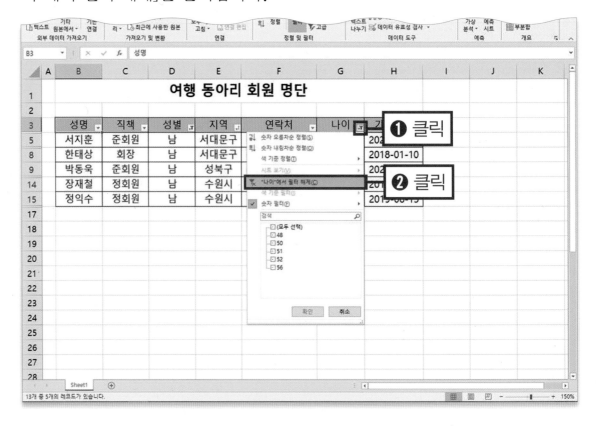

9 가입날짜가 2019년인 데이터를 표시하기 위해 [H3] 셀의 [필터 단추](▼)를 클릭하고 [모두 선택]을 클릭하여 체크 해제합니다. [2019년]을 클릭해 체크 표시한 후 [확인] 버튼을 클릭합니다.

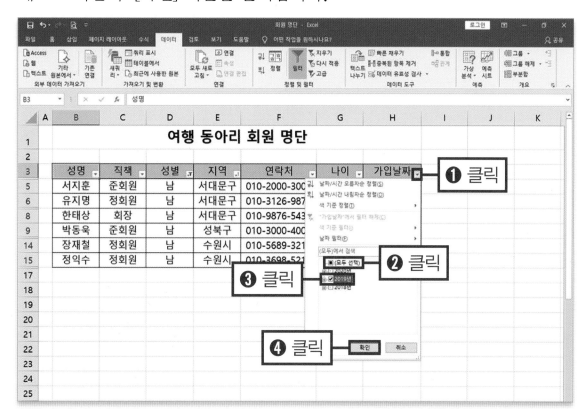

10 성별이 남이고 가입날짜가 2019년인 데이터가 추출됩니다.

1 ⋯⋯ 적용된 필터를 모두 해제하기 위해 [정렬 및 필터] 그룹에서 [지우기]를 클릭합니다.

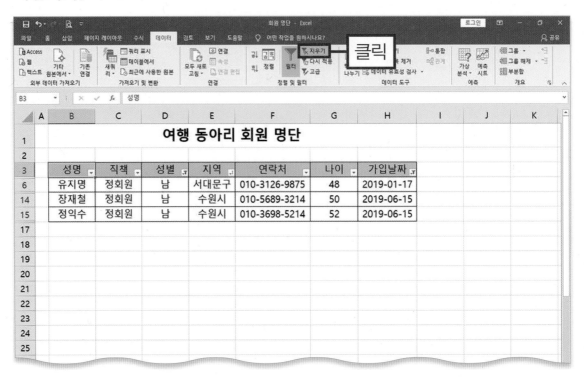

2 ⋯⋯ 지정한 필터가 해제되며 모든 행이 표시됩니다. 자동 필터를 해제하기 위해 [정렬 및 필터] 그룹에서 [필터]를 클릭하면 필터 단추가 없어집니다.

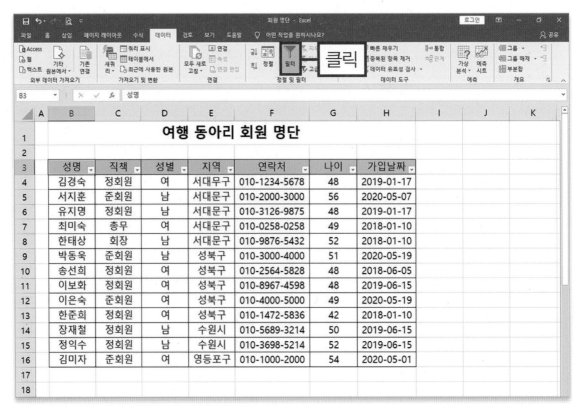

혼자서도 만들 수 있어요!

1 [18장] 폴더에서 [선수 명단.xlsx] 파일을 열고 자동 필터를 이용하여 [성명]을 기준으로 내림차순 정렬하고 [포지션]이 'DF'인 데이터를 추출해 보세요.

초등 축구 선수 명단				
등번호	성명	포지션	나이	입단년월
13	최재욱	DF	12	20년 03월
7	이효태	DF	11	20년 03월
3	이재혁	DF	13	18년 09월
9	박태웅	DF	12	19년 03월
23	박지수	DF	11	19년 09월
20	강종성	DF	10	20년 03월

HINT [데이터] 탭-[정렬 및 필터] 그룹-[필터] 클릭 → [성명]의 [필터 단추]를 클릭하여 [텍스트 내림차순 정렬] 클릭 → [포지션]의 필터 단추를 클릭하여 [모두 선택]을 체크 해제하고 [DF]에 체크 후 [확인] 클릭

2 **1**번에서 적용한 필터를 해제한 다음 [나이]가 '11' 보다 크고 [입단년월]이 '19년'인 데이터를 추출해 보세요.

초등 축구 선수 명단				
등번호	성명	포지션	나이	입단년월
9	박태웅	DF	12	19년 03월
17	박준민	MF	12	19년 03월
8	김태호	MF	12	19년 03월

HINT [데이터] 탭-[정렬 및 필터] 그룹-[지우기] 클릭 → [나이]의 필터 단추를 클릭하여 [숫자 필터]-[보다 큼] 클릭하고 '11' 입력 후 [확인] 클릭 → [입단년월]의 필터 단추를 클릭하여 [모두 선택]을 체크 해제하고 [19년]에 체크 후 [확인] 클릭

피벗 테이블로 일자별 여행 경비 작성하기

피벗 테이블은 많은 양의 데이터를 행과 열의 위치를 지정하여 쉽고 빠르게 분석할 수 있게 해 주는 도구로, 하나의 데이터를 여러 관점으로 요약 및 집계 내어 표 형식으로 나타냅니다. 여기서는 여행 비용을 일자별로 합계를 내어 표시하는 방법에 대해 알아봅니다.

완성 화면
미리 보기

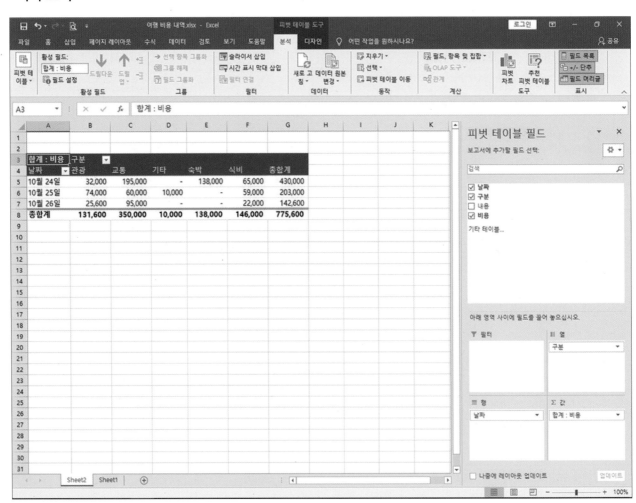

여기서 배워요!
피벗 테이블 작성 및 편집

1 [예제 파일]-[19장] 폴더에서 [여행 비용 내역.xlsx] 파일을 불러옵니다. 데이터에서 임의의 셀인 [A3] 셀을 선택하고 [삽입] 탭을 클릭한 후 [표] 그룹에서 [피벗 테이블]을 클릭합니다.

2 '피벗 테이블 만들기' 대화 상자가 나타나면 '표/범위'에 자동으로 범위(Sheet1!$A$3:$D$19)가 잘 지정되었는지 확인합니다. '피벗 테이블 보고서를 넣을 위치를 선택하십시오.'에서 [새 워크시트]를 선택한 다음 [확인] 버튼을 클릭합니다.

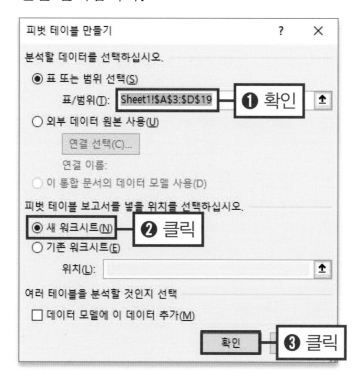

3 ····· 새로운 워크시트가 나타나면 '피벗 테이블 필드' 창의 필드 목록 중에서 [구분]은 '열' 영역, [날짜]는 '행' 영역, [비용]은 'Σ 값' 영역으로 각각 드래그합니다. 지정한 대로 피벗 테이블 보고서가 표시됩니다.

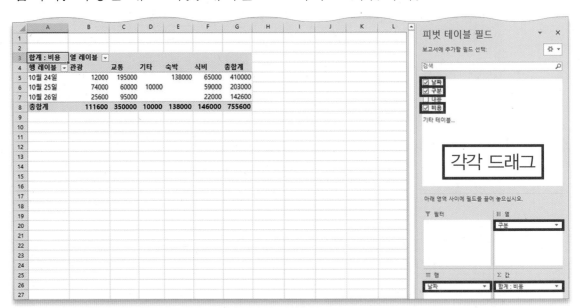

'피벗 테이블 필드'는 [닫기](☒) 버튼을 클릭하여 창을 닫을 수 있으며 [피벗 테이블 도구]–[분석] 탭의 [표시] 그룹에서 [필드 목록]을 클릭하여 다시 나타낼 수 있습니다.

STEP 2 피벗 테이블 편집하기

1 ····· 피벗 테이블의 스타일을 지정하기 위해 [피벗 테이블 도구]의 [디자인] 탭을 클릭합니다. [피벗 테이블 스타일] 그룹에서 [자세히](▾)를 클릭한 후 '중간'의 [연한 파랑, 피벗 스타일 보통 2]를 클릭합니다.

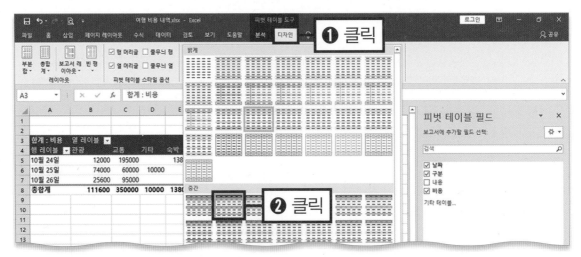

2 행과 열의 레이블 명을 변경하기 위해 '행 레이블'이라고 적힌 [A4] 셀을 클릭하여 '날짜'를 입력합니다. 이후 '열 레이블'이라고 적힌 [B3] 셀을 클릭하여 '구분'을 입력합니다.

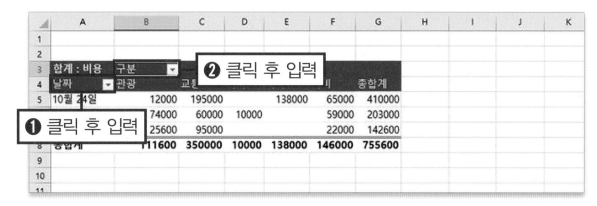

3 [피벗 테이블 도구]–[분석] 탭을 클릭한 다음 [피벗 테이블] 그룹에서 [옵션]을 클릭합니다.

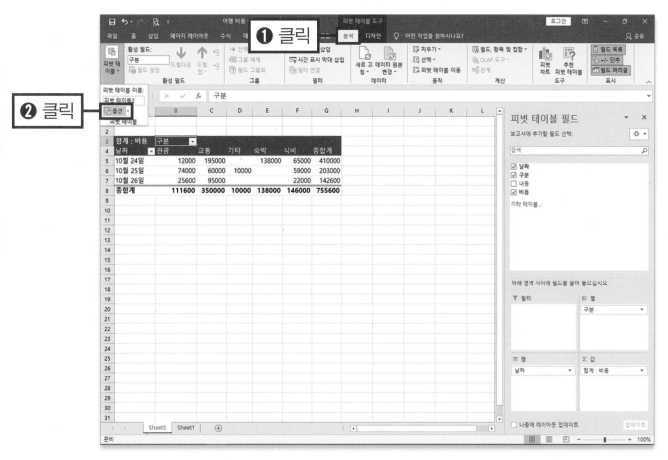

4 ····· '피벗 테이블 옵션' 대화 상자가 나타나면 [레이아웃 및 서식] 탭의 '빈 셀 표
시'에 '0'을 입력하고 [확인] 버튼을 클릭합니다.

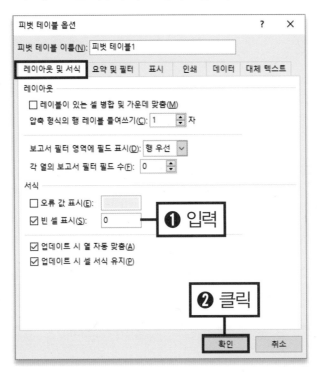

5 ····· 서식 지정을 위해 [B5:G8] 셀까지 드래그하여 범위를 지정한 후 [홈] 탭을
클릭합니다. [표시 형식] 그룹에서 [쉼표 스타일](　)을 클릭합니다.

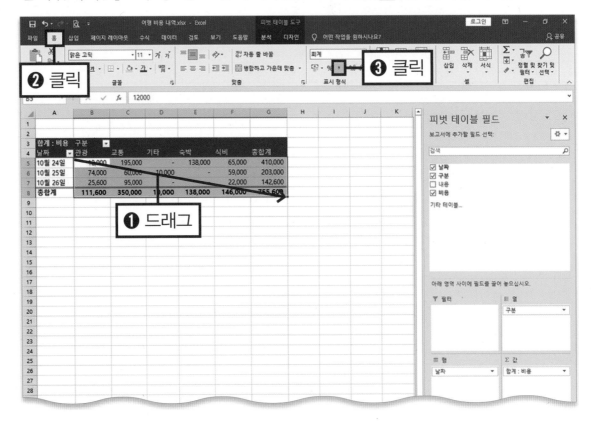

6 원본 데이터인 [Sheet1] 시트 탭을 클릭한 후 [D8] 셀을 클릭하여 값을 '32000'으로 수정합니다.

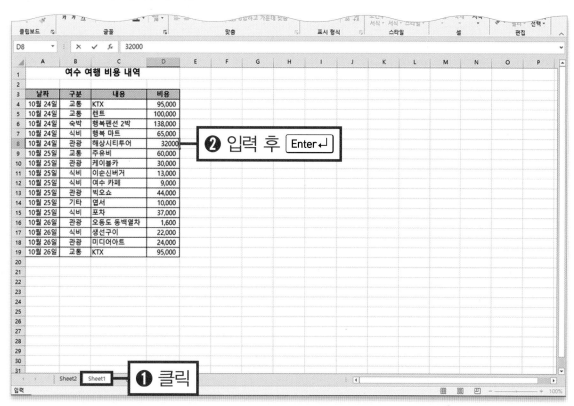

7 수정된 데이터를 피벗 테이블에 반영하기 위해 [sheet2] 시트 탭을 클릭한 후 [피벗 테이블 도구]-[분석] 탭을 클릭합니다. [데이터] 그룹에서 [새로 고침](🔄)을 클릭합니다.

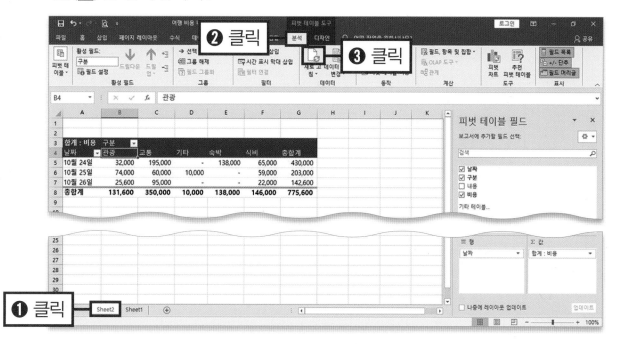

혼자서도 만들 수 있어요!

 1

[19장] 폴더에서 [급여 지급 현황.xlsx] 파일을 열고 다음과 같이 피벗 테이블 보고서를 작성해 보세요.

※ [파일] 탭-[옵션]-[고급]-[사용자 지정 목록 편집]의 목록 추가 여부에 따라 값이 차이 날 수 있습니다.

행 레이블	열 레이블 과장	대리	부장	사원	차장	총합계
개발팀						
평균 : 지급총액	4250000	3900000		2250000		3466666.667
합계 : 실지급액	3696300	3665000		2052800		9414100
관리팀						
평균 : 지급총액	4390000		5375000	2250000		4005000
합계 : 실지급액	3869000		4599400	2063670		10532070
기획팀						
평균 : 지급총액	4390000			2000000		2796666.667
합계 : 실지급액	3833500			3620350		7453850
총무팀						
평균 : 지급총액	4250000			2250000	4987000	3829000
합계 : 실지급액	3697000			2055000	4347700	10099700
전체 평균 : 지급총액	4320000	3900000	5375000	2150000	4987000	3524333.333
전체 합계 : 실지급액	15095800	3665000	4599400	9791820	4347700	37499720

 HINT
[피벗 테이블 필드]에서 [직급]은 [열] 영역, [부서명]은 [행] 영역, [지급총액]과 [실지급액]은 [Σ 값] 영역으로 드래그 → [Σ 값] 영역의 [합계:지급총액] 클릭 → [값 필드 설정] 클릭 → [평균] 선택 후 [확인] 클릭 → [열] 영역의 [Σ 값]을 [행] 영역으로 드래그

2

1번에서 완성한 피벗 테이블 보고서에서 레이블 명을 수정하고 빈 셀에 '0'을 입력한 다음 쉼표 스타일을 지정해 보세요.

부서명	직급 과장	대리	부장	사원	차장	총합계
개발팀						
평균 : 지급총액	4,250,000	3,900,000	-	2,250,000	-	3,466,667
합계 : 실지급액	3,696,300	3,665,000	-	2,052,800	-	9,414,100
관리팀						
평균 : 지급총액	4,390,000	-	5,375,000	2,250,000	-	4,005,000
합계 : 실지급액	3,869,000	-	4,599,400	2,063,670	-	10,532,070
기획팀						
평균 : 지급총액	4,390,000	-	-	2,000,000	-	2,796,667
합계 : 실지급액	3,833,500	-	-	3,620,350	-	7,453,850
총무팀						
평균 : 지급총액	4,250,000	-	-	2,250,000	4,987,000	3,829,000
합계 : 실지급액	3,697,000	-	-	2,055,000	4,347,700	10,099,700
전체 평균 : 지급총액	4,320,000	3,900,000	5,375,000	2,150,000	4,987,000	3,524,333
전체 합계 : 실지급액	15,095,800	3,665,000	4,599,400	9,791,820	4,347,700	37,499,720

 HINT
[A4], [B3] 셀 선택 후 '부서명', '직급' 입력 → [피벗 테이블 도구]-[분석] 탭-[피벗 테이블] 그룹-[옵션] 클릭 → [빈 셀 표시]에 '0'을 입력 후 [확인] 클릭 → [B5:G18] 셀 영역 지정 → [홈] 탭-[표시 형식] 그룹에서 [쉼표 스타일] 클릭

CHAPTER 20
페이지 레이아웃 설정 및 인쇄하기

문서를 인쇄하기 전에 미리 보기를 통해 인쇄될 부분을 확인하고 필요에 따라 사용자가 원하는 형태로 페이지 설정을 해야 인쇄 시 용지의 낭비를 줄일 수 있습니다. 여기서는 용지 방향, 여백, 머리글/바닥글 등을 지정하고 인쇄하는 방법에 대해 알아봅니다.

완성 화면

미리 보기

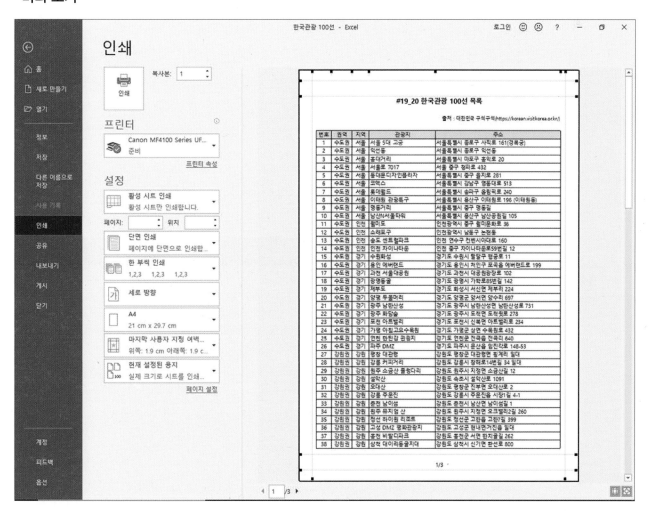

여기서 배워요!

용지 방향과 여백 지정, 인쇄 제목 반복하여 출력, 바닥글 영역에 페이지 번호 매기기, 인쇄

1 [예제 파일]-[20장] 폴더에서 [한국관광 100선.xlsx] 파일을 불러옵니다. [페이지 레이아웃] 탭을 클릭한 후 [페이지 설정] 그룹에서 [용지 방향]-[세로]를 차례대로 클릭합니다.

2 여백을 지정하기 위해 [페이지 설정] 그룹에서 [여백]을 클릭한 후 [사용자 지정 여백]을 클릭합니다.

3 ······ '페이지 설정' 대화 상자가 나타나면 [여백] 탭에서 '왼쪽'과 '오른쪽'에 각각 '1'을 입력합니다. '페이지 가운데 맞춤'에서 [가로]를 클릭해 체크 표시한 후 [확인] 버튼을 클릭합니다.

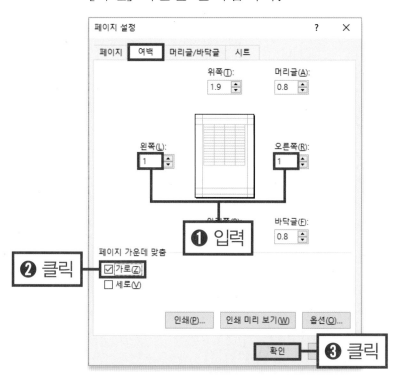

STEP 2 **인쇄 제목 반복하여 출력하기**

1 ······ 5행을 반복적으로 인쇄하기 위해 [페이지 설정] 그룹에서 [인쇄 제목]을 클릭합니다.

2 …… '페이지 설정' 대화 상자가 나타나면 '반복할 행'의 입력란에 [5]행 머리글을
클릭하여 선택한 후 [확인] 버튼을 클릭합니다.

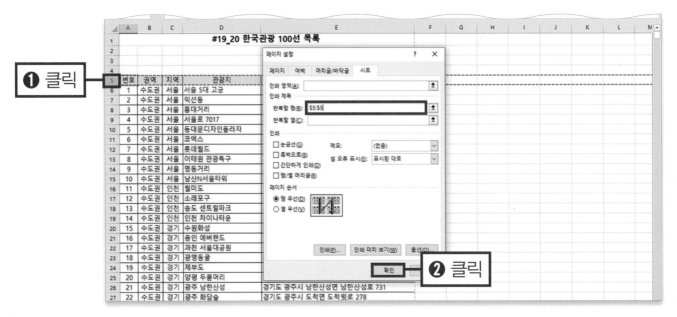

STEP 3 **바닥글 영역에 페이지 번호 매기기**

1 …… 머리글 또는 바닥글을 지정하기 위해 [보기] 탭을 클릭한 후 [통합 문서 보기]
그룹에서 [페이지 레이아웃]을 클릭합니다.

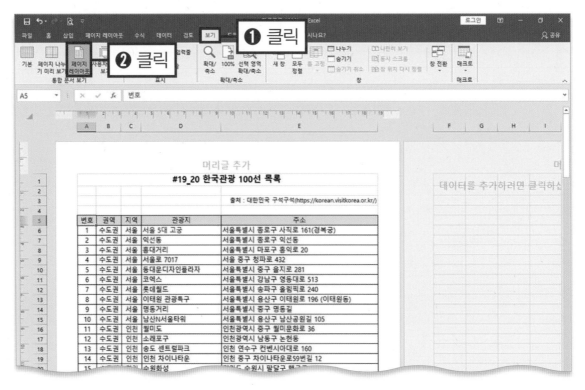

2 화면을 하단으로 드래그한 후 바닥글 가운데 영역인 [바닥글 추가]를 클릭합니다. 커서가 깜박이면 [머리글/바닥글 도구]–[디자인] 탭의 [머리글/바닥글 요소] 그룹에서 [페이지 번호]를 클릭합니다.

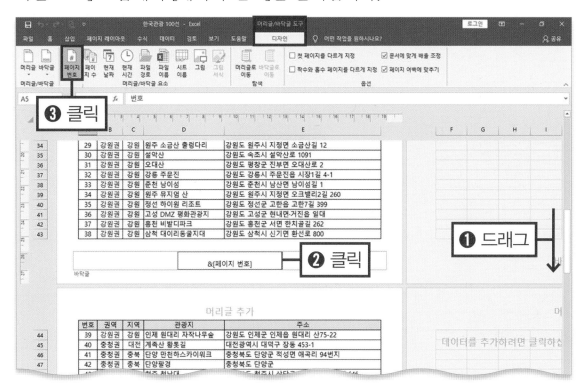

3 '&[페이지 번호]' 다음에 '/'를 입력한 후 [머리글/바닥글 요소] 그룹에서 [페이지 수]를 클릭합니다.

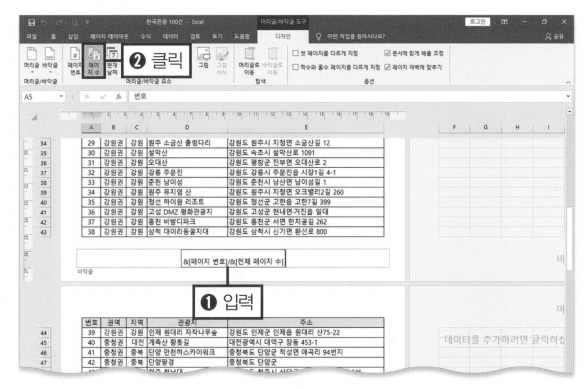

4 워크시트의 임의의 셀을 클릭하면 바닥글 영역이 [페이지 번호/전체 페이지 수] 형태로 나타나는 것을 확인할 수 있습니다. [보기] 탭을 클릭한 후 [통합 문서 보기] 그룹에서 [기본]을 클릭합니다.

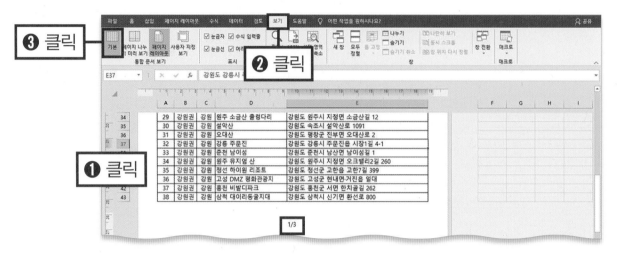

STEP 4 ・ 인쇄하기

1 [파일] 탭을 클릭한 후 [인쇄]를 클릭합니다. [다음 페이지](▶)를 클릭하여 다른 페이지를 확인하고 [여백 표시](⊞)와 [페이지 확대/축소](⊡)를 클릭하여 문서를 확인한 다음 [인쇄]를 클릭합니다.

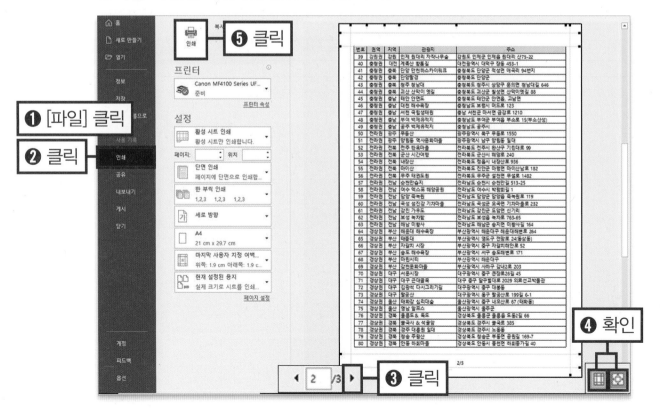

조금 더 배우기

엑셀에서 작성한 문서를 PDF 파일로 변환하는 방법

❶ [파일] 탭을 클릭한 후 [내보내기]를 클릭합니다. [PDF/XPS 문서 만들기]–[PDF/XPS 만들기]를 차례대로 클릭합니다.

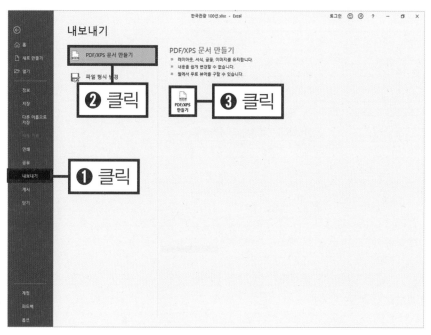

❷ 'PDF 또는 XPS로 게시' 대화 상자가 나타나면 저장 위치를 지정하고 '파일 이름'에 저장할 이름을 입력한 후 [게시] 버튼을 클릭합니다. 저장한 PDF 파일을 찾아 더블 클릭하면 문서를 확인할 수 있습니다.

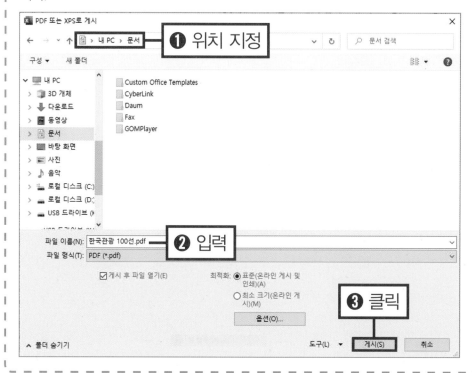

혼자서도 만들 수 있어요!

1 [20장] 폴더에서 [한국관광 100선 목록.xlsx] 파일을 열고 가로 방향으로 한 페이지에 내용이 모두 인쇄되도록 설정해 보세요.

 HINT [파일] 탭–[인쇄] 클릭 → [세로 방향]을 클릭하여 [가로 방향] 선택 → [현재 설정된 용지]를 클릭하여 [한 페이지에 시트 맞추기] 선택

2 [20장] 폴더에서 [동아리 회원 명단.xlsx] 파일을 열고 데이터를 문서의 중앙에 배치하고 바닥글에 페이지 번호를 넣은 다음 3행이 반복해서 출력되도록 설정해 보세요.

번호	성명	직책	성별	지역	연락처	출생년도	가입날짜
23	장재철	정회원	남	수원시	010-5689-3214	1971	2019-06-15
24	정민구	정회원	남	과천시	010-3674-5968	1976	2019-06-15
25	정올기	정회원	여	과천시	010-6655-6655	1976	2019-06-15
26	정익수	정회원	남	수원시	010-3698-5214	1969	2019-06-15
27	최미숙	총무	여	서대문구	010-0258-0258	1972	2018-01-10
28	한문희	정회원	여	성북구	010-1472-5836	1979	2018-01-10
29	한태상	회장	남	서대문구	010-9876-5452	1969	2018-01-10

HINT [페이지 레이아웃] 탭–[페이지 설정] 그룹–[여백]–[사용자 지정 여백] 클릭 → '페이지 가운데 맞춤'의 [가로] 클릭 → [머리글/바닥글] 탭에서 [바닥글 편집] 클릭 후 [가운데 구역]에 [페이지 번호 삽입](🗋) 선택 후 [확인] 클릭 → [시트] 탭에서 [반복할 행]에 [3]행 머리글 클릭하여 선택 후 [확인] 클릭

쓱 하고 싹 배우는
엑셀 2016

1판 1쇄 발행 2021년 1월 4일
1판 5쇄 발행 2024년 9월 12일

저　자 | 안은진
발행인 | 김길수
발행처 | ㈜영진닷컴
주　소 | (08512) 서울특별시 금천구 디지털로9길 32 갑을그레이트밸리
　　　　　 B동 1001호
등　록 | 2007. 4. 27. 제16–4189호

ⓒ2021., 2024. ㈜영진닷컴

ISBN 978-89-314-6338-5

YoungJin.com Y.
영진닷컴

초보자들도 쉽게 따라 하는
'쓱 하고 싹 배우는' 시리즈

큰 그림과 큰 글씨로 누구나 쉽고 재미있게 배울 수 있는 '쓱싹' 시리즈!
책에 담긴 생활 속 예제를 따라 하다 보면
프로그램의 기본 기능을 손쉽게 익힐 수 있습니다.

쓱 하고 싹 배우는
한글 2014
안은진 저 | 152쪽 | 10,000원

쓱 하고 싹 배우는
스마트폰
김재연 저 | 152쪽 | 10,000원

쓱 하고 싹 배우는
윈도우 10&인터넷
송정아 저 | 152쪽 | 10,000원

쓱 하고 싹 배우는
파워디렉터 17
김영미 저 | 152쪽 | 10,000원

그림으로 배우는
파워포인트 2013
최홍주 저 | 152쪽 | 10,000원

그림으로 배우는
엑셀 2013
최옥주 저 | 152쪽 | 10,000원

쓱 하고 싹 배우는
포토스케이프 X
김성희 저 | 152쪽 | 10,000원

쓱 하고 싹 배우는
유튜브&영상 편집
김혜진 저 | 152쪽 | 10,000원